세상의 속도를
따라잡고 싶다면

클론 코딩 시리즈 ②

KB075402

노마드 코더 **니꼴라스**와 만드는 **트위터 서비스**

클론 코딩 트위터

초보자도 _____
똑같이
만든다!

✔ 코딩은 진짜를 만들어 보는 것!

#나도_웹개발자 #HTML #CSS #자바스크립트 #리액트 #파이어베이스

노마드 코더 니꼴라스·김준혁 지음   **이지스 퍼블리싱**

세상의 속도를 따라잡고 싶다면 **Do it!**
변화의 속도를 즐기게 될 것입니다.

Do it!

노마드 코더 니꼴라스와 만드는 트위터 서비스

클론 코딩 트위터

초판 발행 • 2021년 08월 23일

지은이 • 니꼴라스, 김준혁
펴낸이 • 이지연
펴낸곳 • 이지스퍼블리싱(주)
출판사 등록번호 • 제313-2010-123호
주소 • 서울특별시 마포구 잔다리로 109 이지스빌딩 4층(우편번호 04003)
대표전화 • 02-325-1722 | 팩스 • 02-326-1723
홈페이지 • www.easyspub.co.kr | 이메일 • service@easyspub.co.kr

기획 및 책임 편집 • 박현규 | 표지 및 내지 디자인 • 트인글터, 정우영 | 본문 전산편집 • 트인글터
교정교열 • 박명희 | 마케팅 • 박정현 | 인쇄 및 제본 • 보광문화사
베타테스터 • 강윤호, 김현우, 이아름
독자지원 • 오경신 | 영업 및 교재 문의 • 이주동, 이나리(ri7951@easyspub.co.kr)

ISBN 979-11-6303-274-8 13000
가격 18,000원

"코딩은 진짜를
만들어 보는 거야."

노마드 코더
Nomad Coders

클론 코딩으로 트위터를 만들어 보세요!

개발자가 되는 가장 빠른 방법!

안녕? 나는 니꼴라스야. 이 책을 손에 든 독자 여러분 모두 모두 환영해. 한국말이 조금 서툴러서 반말로 할 텐데 이해해 주길 바랄게. 이 강의를 만든 이유는 딱 하나야. **내가 생각하는 개발자가 되는 가장 빠른 방법은 '클론 코딩'이기 때문이지.** 그래. 프로그래밍에 입문하면 대부분 이론 공부를 하게 될 거야. 하지만 이론 공부를 통해 배운 내용은 머리에 잘 남지 않아. 진짜 지루하기도 하고! 그렇다면 클론 코딩은 어떨까? **나에게 익숙하고, 유용하고, 아름다운 앱이나 서비스를 만드니까 배운 내용이 기억에 오래 남고 절대 지루하지 않아.** 혹시 평소에 만들고 싶었던 앱이 있었어? 이 책에서는 클론 코딩으로 트위터를 만들어. 이 앱을 조금만 응용하면 평소에 만들고 싶었던 앱을 금방 완성할 수 있을 거야. 클론 코딩의 효과가 궁금해? 그러면 당장 이 책으로 시작해 봐. 후회하지 않을 거야.

— 니꼴라스(노마드 코더 설립자, Nicolás Serrano Arévalo)

일주일이면 트위터를 클론할 수 있습니다!

안녕하세요? 대디동물병원 원장 김준혁입니다. 임상 수의사 시절 '홈페이지 하나 만들어 보고 싶다'라는 생각으로 코딩 공부를 시작했고, 그 덕분에 니꼴라스의 강의를 책으로 옮기며 집필하는 기쁨을 맛볼 수 있었습니다! 그 사이에 병원 개업과 건강 문제, 이사 등 많은 일이 일어났지만 재미있고 탄탄한 니꼬의 강의를 책으로 만들면서 스트레스를 해소할 수 있었던 것 같네요! **이 책은 웹 개발 지식은 있지만 웹 프로그래밍을 제대로 해본 경험이 없는 사람을 위해 만들었습니다. 트위터 클론만큼은 끝까지, 제대로 할 수 있는 본문을 구성하려고 노력했지요.** 심지어 웹 개발 지식이 전혀 없어도 볼 수 있습니다. 웹 개발을 1도 모르는 제 아내도 트위터 클론에 성공했으니까요. 그만큼 실습 구성에 많은 노력을 들였습니다. 이 책을 다 읽고 나면 '내가 앱을 완성했다'는 뿌듯함을 느낄 수 있을 거에요. 또한 웹 개발에 대한 두려움도 확 사라질 것이라 확신합니다. 이 책을 읽어 완성한 결과물은 꼭 주변에 자랑하세요. 다음 공부를 할 때 큰 원동력이 될 테니까요. 그럼 트위터를 클론하러 떠나 볼까요?

— 김준혁(이 책의 공동 집필자)

웹 디자이너도 문과생도 똑같이 만들 수 있어요!

안녕하세요? 저는 니꼴라스와 함께 노마드 코더를 운영하는 린입니다. **클론 코딩은 앱 또는 서비스를 한 땀 한 땀 따라 만들면서 배우는 효과적인 프로그래밍 학습 방법입니다.** 어떻게 그렇게 확신할 수 있느냐고요? 문과생인 제가 이 방법으로 프로그래밍에 쉽게 입문했기 때문입니다. 아마 이 책을 다 읽으면 리액트로 만든 트위터 앱 포트폴리오를 손에 쥘 수 있을 것입니다. 지금 당장 써먹을 수 있는 핵심, 진짜 알맹이만 골라 담은 책이라고 자부합니다. 지금 클론 코딩 로켓에 올라 타시죠!

— 린(Lynn, 노마드 코더 공동 운영자)

웹 서비스를 당장 완성해 보고 싶은 분에게 이 책을 추천합니다!

자신만의 웹 서비스를 만드는 건 정말 멋진 일입니다. 하지만 웹 개발 경험이 전혀 없거나 웹 프로그래밍 지식이 부족한 사람에게는 쉽지 않습니다. 웹 서비스를 개발하려면 공부할 내용이 산더미처럼 많기 때문입니다.

이 책은 웹 개발 경험이 전혀 없는 사람, 웹 개발 지식이 어느 정도 있는 사람이 봐도 좋습니다. 본문 내용만 따라가다 보면 누구나 트위터를 클론할 수 있도록 구성되어 있거든요. **정리하자면 이 책은 웹 개발 경험이 부족한 사람에게는 웹 개발의 전체 그림을 이해할 수 있게 돕는 길잡이 역할을, 웹 개발 경험이 어느 정도 있는 사람에게는 웹 개발 속도를 더 빠르게 만들어 주는 디딤판 역할을 할 것입니다.** 저도 이 책 덕분에 접해 보지 못한 파이어베이스를 이해하게 되었고, 나중에 실제 서비스에 활용해 볼 수 있겠다는 자신감을 얻었습니다. 이 책으로 웹 개발에 대한 이해를 넓히고, 자신감도 얻어 가면 좋겠습니다!

— **강윤호**(IT 프리랜서, 유노코딩 유튜브 채널 운영자)

이 책으로 우리도 트위터를 만들었어요!

이 책은 베타테스터 5명이 미리 읽어 더 좋게 만들었습니다. 클론 코딩을 직접 체험해 보기도 했는데요. 어떤 분은 클론 코딩으로 만든 트위터를 좀 더 멋지게 만들기까지 했답니다. 이 책으로 클론 코딩을 해본 베타테스터의 소감을 들어 볼까요?

시간 가는 줄 모르고 읽었어요!

이 책은 웹 개발을 처음하는 사람에게 '웹 개발을 어떻게 해야 하는지 전체 과정을 알려 주는 훌륭한 길잡이' 역할을 합니다. 누구나 트위터를 클론 코딩할 수 있도록 책을 구성한 것은 물론이고, 본문 설명이 친절하고 재미있어서 시간 가는 줄 모르고 읽었습니다.

— 강윤호(IT 프리랜서)

실습 결과 주소: vo.la/m3QU2

프로젝트를 직접 경험할 수 있어서 좋았어요!

《Do it! 클론 코딩 트위터》는 프로젝트 개발 과정을 제대로 경험하게 만들어 주는 최고의 동반자입니다. 트위터 클론으로 자바스크립트와 리액트를 자연스럽게 활용하고 이해할 수 있도록 만들어 주는 구성이 놀라웠습니다.

— 김현우(팀 별무리 리더)

실습 결과 주소: vo.la/ywqel

오류 수정 과정까지 공부할 수 있어서 좋았어요!

《Do it! 클론 코딩 트위터》는 쉽게 따라 할 수 있는 구성과 자세한 설명을 모두 갖춘 '참된 실습서'라고 생각합니다. 실습 과정에서 발생하는 오류를 수정하는 과정도 유용해서 마음에 들었습니다. 지금까지 읽어 본 IT 실습서 가운데 가장 흡입력이 강한 책이라는 생각이 들었습니다.

— 이아름(곰개발자)

실습 결과 주소: vo.la/aU3UE

실제 애플리케이션을 만드니 뿌듯해요!

트위터 핵심 기능을 모두 구현하면서도 아름다운 결과 화면을 만들 수 있어서 좋았습니다. 공부한 내용을 응용해서 '출첵 코인'이라는 가상의 출석 체크와 게임을 섞은 서비스도 만들어 봤습니다. 여러분도 이 책으로 자신만의 애플리케이션을 만들어 보세요!

— 박현규(이 책의 편집자)

실습 결과 주소: vo.la/0bs66

내가 만든 결과물을 자랑할 수 있어서 좋았어요!

저는 HTML도 모르는 초보였는데… 이 책에서 설명하는 대로 트위터를 만들어 친구들에게 자랑하니 엄청 신기해했어요. '이런 맛에 개발자로 사는 건가?'라는 생각도 했습니다. 아직 웹 개발 초보 수준이지만 앞으로 더 열심히 공부해서 다른 웹 서비스도 만들어 보고 싶어졌습니다.

— 이다정(수의사)

실습 결과 주소: vo.la/c4MAZ

초고속 로켓을 타고 진짜 트위터를 클론 코딩해 볼까요?

개념 알아 보며 클론 코딩 워밍업!　　●　트위터 클론 코딩하기!

클론 코딩 로켓 출발!

클론 코딩
01
파이어베이스와의
첫 만남

> 트위터에는 서버가
> 필요해!

클론 코딩
02
환경
설정하기

> 리액트로 간단한 화면을
> 띄워 보자!

클론 코딩
03
트위터 클론 코딩
시작하기

> 트위터의 기본 뼈대를
> 만들어 보자!

클론 코딩
06
사진 미리 보기,
저장 기능 만들기

> 트윗에 사진을
> 추가해 볼까?

클론 코딩
05
트위터? 아니,
누이터 핵심 기능
만들기

> 트윗 조회, 등록, 삭제, 수정
> 기능을 만들어 보자!

클론 코딩
04
회원가입, 로그인,
소셜 로그인 기능
만들기

> 서비스의 대문 역할을 하는
> 기능을 만들어 보자!

클론 코딩
07
프로필 페이지와
필터링 기능 만들기

> 내 프로필을 보고 수정할 수 있는
> 기능을 만들어 보자!

클론 코딩
08
깃허브로 누이터
배포하고 보안
챙기기

> 친구들이 내가 만든 서비스를
> 사용할 수 있게 해보자!

클론 코딩
09
진짜 트위터처럼
스타일링하기

> 진짜 트위터처럼
> 만들어 마무리하자!

하나, 액션만 따라 해도 트위터 앱이 후다닥!

이 책은 '트위터 앱을 클론 코딩하는 것'을 목표로 합니다. 이론은 완벽하게 몰라도 괜찮습니다. 책에 '액션'이라고 쓴 부분만 따라가다 보면 기능을 하나씩 완성할 수 있으니까요. 서비스를 완성한 다음에는 배운 내용을 응용하여 여러분만의 서비스로 변형해 만들어 보세요!

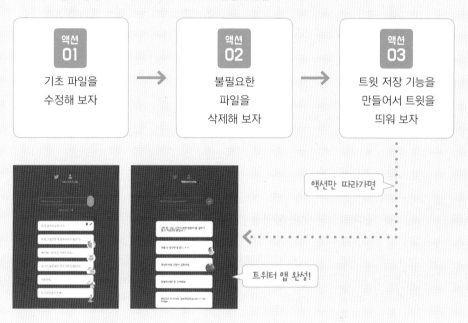

둘, 전체 소스 공개! 코드 완성 상태를 편하게 비교해 보세요.

 둘, 전체 소스 공개! 코드 완성 상태를 편하게 비교해 보세요.

만약 내가 입력한 내용이 맞는지 확인하고 싶다면 장 마지막 부분에 있는 **깃허브 커밋 링크를 눌러 코드 완성 상태를 비교**해 보세요. 깃허브 커밋 링크를 누르면 해당 장에서 수정한 파일의 코드 변경 내역이 + 또는 -로 표시됩니다. +로 표시된 내용은 새로 입력하고, -로 표시된 내용은 삭제하세요.

전체 커밋 목록 확인하기: github.com/easysIT/nwitter/commits/master

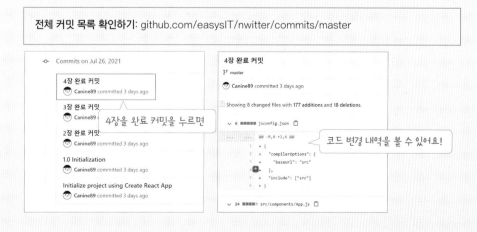

셋, 눈이 편안한 코딩 요소 배치!

실습에는 3가지가 있어요. 실습을 [수정해 보자!], [확인해 보자!], [새로 만들어 보자!]로 구분하고, 지워야 할 내용은 삭제선으로, 입력해야 할 내용은 별색으로 표시했습니다.

```
수정해 보자!   ./src/src/routes/Home.js

( . . .생략. . . )
  const onSubmit = async (event) => {
    event.preventDefault();
    let attachmentUrl = "";
    if (attachment !== "") {
      const attachmentRef = storageService
      .ref()
      .child(`${userObj.uid}/${uuidv4()}`);
```

수정할 내용이 바로 보이니까 실습하기 편하네!

넷, 노마드 코더 무료 동영상 강의도 함께 보세요!

이 책은 노마드 코더의 '트위터 클론 코딩' 강의를 재구성한 것입니다. 각 장을 시작할 때 해당 주제의 동영상 강의를 모바일에서 바로 확인할 수 있도록 QR코드를 제공합니다. 책과 동영상 강의를 함께 보면 공부 효율을 높일 수 있습니다(무료 회원가입 후 전체 강의 무료로 수강 가능).

노마드 코더 트위터 클론 코딩: nomadcoders.co/nwitter

다섯, 두잇 스터디룸에서 친구와 함께 공부하고 책 선물도 받아 가세요!

이지스퍼블리싱에서 운영하는 네이버 카페 '두잇 스터디룸'에서 같은 고민을 하는 친구들과 함께 공부해 보세요. 내가 잘 이해한 내용은 남을 도와주고 내가 잘 이해하지 못한 내용은 도움을 받으면서 공부하면 복습 효과도 누릴 수 있습니다. 서로서로 코드와 개념 리뷰를 하며 훌륭한 개발자로 성장해 보세요(회원 가입과 등업은 필수).

두잇 스터디룸: cafe.naver.com/doitstudyroom

■ Do it! 공부단 ■

공부단에 지원한 후 스터디 노트에 공부한 내용을 적으면 책 선물을 드려요!

☲ 베스트 자료

■ 도서별 게시판 ■

궁금한 내용은 도서별 게시판에 질문해 보세요!

01

파이어베이스와의 첫 만남

반가워! 뜬금없이 파이어베이스라니 놀랐지? 파이어베이스를 모르는 사람은 '왜 파이어베이스부터 알아야 하는지' 궁금할 거야. 이 책은 트위터 애플리케이션을 그대로 본뜬 일명 '누이터'라는 앱을 만드는 과정을 담고 있어. 가입, 로그인, 트윗 등록, 트윗 수정, 트윗 삭제 등 여러 기능을 누이터에 추가할 예정인데, 이런 기능들은 데이터를 생성하게 돼. 그럼 그 데이터를 어디선가 처리하겠지? 그게 바로 서버야. 그리고 파이어베이스는 서버를 쉽게 만들어 운영할 수 있게 해주는 구글 서비스지. 그래서 지금 파이어베이스를 배우는 거야. 자세한 내용은 천천히 알아보자! 아참, 파이어베이스는 준치 조교가 설명할 테니 집중해서 공부하도록!

 니꼬샘
강의 보기

https://youtu.be/o4zO7T3VjV0

01-1 서버가 뭐죠?

01-2 파이어베이스는 언제 사용하면 좋은가요?

01-1 서버가 뭐죠?

안녕하세요? 저는 준치 조교입니다! 니꼬샘이 누이터에는 서버가 필요하고, 서버를 위해 파이어베이스라는 구글 서비스를 사용할 거라 이야기했죠? 서버는 무엇이고, 파이어베이스는 어떤 역할을 할까요? 저와 함께 알아볼까요?

서버는 왜 필요해요?

예를 들어 여러분이 인스타그램을 사용한다고 생각해 봅시다. 인스타그램은 사진, 댓글, 텍스트 등을 보여주지요? 이런 화면에 보이는 데이터 또는 화면에 보이지 않는 데이터들은 모두 서버에서 보낸 것입니다. 만약 서버가 없으면? 우리는 인스타그램에서 아무것도 사진을 보거나 업로드하는 등의 작업을 할 수 없겠죠.

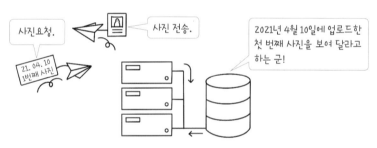

서버에서 사진과 텍스트 데이터를 보내주는 모습

위 그림처럼 서버에서 데이터를 보내주는 기능 외에도 검색, 업로드, 다운로드, 수정, 삭제와 같은 기능들은 모두 서버가 필요합니다. 누이터도 마찬가지입니다.

서버를 만들어 사용하려면 얼마나 공부해야 해요?

그러면 서버는 어떻게 만들고 얼마나 공부해야 할까요? 서버를 만들려면 보안, 용량, 트래픽, 접속 방법 등 고려할 요소가 아주 많습니다. 그만큼 공부해야 할 지식도 많지요. 책 몇 권을 읽어도 겨우 서버를 만들 수 있을까 말까 한다고 생각하면 됩니다.

하지만 서버 공부를 거의 하지 않고도 서버를 만들고, 사용할 수 있는 방법이 있습니다. 바로 서버 구축 서비스를 쓰면 되죠. 구글, 아마존, 마이크로소프트와 같은 아주 큰 IT 기업은 대부분 서버 구축 서비스를 제공하는데요. 서버 구축 서비스는 보통 직접 구현하기 까다로운 회원 가입, 로그인과 같은 기능을 제공합니다. 이걸 사용하기만 하면 기능을 구현하는데 필요한 시간도 줄일 수 있고, 또 이 기능은 아주 잘 만들어져 있으므로 안정적인 서비스를 제공할 수도 있을 겁니다.

▶ 서버 구축 서비스를 전문 용어로 BaaS(Backend-as-a-Service)라고 합니다.

직접 다 만들기 보다는 잘 만들어진 기능을 골라 사용하기

파이어베이스에는 어떤 기능이 포함되어 있나요?

파이어베이스에는 다양한 기능이 포함되어 있습니다. firebase.google.com/products-build에 접속해 보세요. 스크롤바를 내려 살펴보면 파이어베이스에서 제공하는 기능을 볼 수 있습니다.

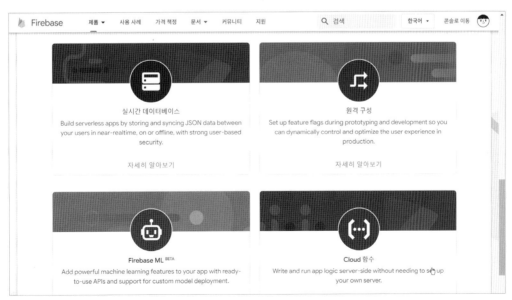

파이어베이스 기능 목록 화면

▶ 파이어베이스 소개 페이지는 수시로 업데이트되므로 화면에 보이는 기능은 조금씩 변할 수 있습니다. 우리는 파이어베이스 자체를 공부할 것이 아니므로 지금은 '파이어베이스가 다양한 서버 기능을 제공하는구나~' 정도로 이해하고 넘어가도 됩니다.

기능	설명
실시간 데이터베이스	관리자 패널에서 직접 데이터베이스 조작을 할 수 있습니다.
파이어베이스 ML 베타 (Firebase ML BETA)	파이어베이스에서 제공하는 머신러닝 서비스입니다(베타).
Cloud 함수	서버 자체의 기능을 직접 구현하여 사용할 수 있게 합니다.
인증	아주 적은 양의 코드로도 회원가입, 로그인 등을 처리해 줍니다.
호스팅	완성된 서비스를 배포해 줍니다.
클라우드 저장소 (Cloud Storage)	사진 등의 파일들을 저장하기 위해 사용합니다.

우리는 여기서 데이터를 저장하기 위해 데이터베이스를, 회원가입, 로그인을 위해 인증을, 서비스 개시를 위해 호스팅을 쓸 것입니다. 너무 어려울 것 같다고요? 걱정 마세요. 파이어베이스의 기능은 사용하기 쉽습니다. 게다가 학습을 위한 수준의 프로젝트에는 비용도 들지 않죠. 참고로 파이어베이스 설정은 2장에서 진행합니다. 걱정하지 말고 다음 절로 나아가세요!

01-2 파이어베이스는 언제 사용하면 좋은가요?

니꼬샘이야! 파이어베이스가 뭔지는 준치 조교가 설명했으니 알겠지? 그러면 이제 파이어베이스를 언제 사용해야 좋을지 이야기해 보자.

아이디어가 생긴 순간에 즉시!

파이어베이스를 사용하면 10분 안에 로그인 인증, 파일 업로드, 데이터베이스 등 서버에 필요한 여러 기능과 설정을 마무리할 수 있어. 그만큼 파이어베이스는 쉽고, 빠르게 사용할 수 있는 도구야.

그럼 파이어베이스는 언제 쓰면 좋을까? **바로 아이디어가 생겼을 때야.** 예를 들어 네가 지금 완전 매력적인 서비스에 대한 아이디어가 떠올랐다고 생각해 보자. 하지만 이 서비스가 성공할 수 있을까? 아무도 모르지. 네가 아무리 매력적인 서비스라고 생각해도 서비스를 사용할 사람들이 그렇게 받아들이지 않는다면 투자한 시간과 돈을 회수할 수 없을지도 몰라. 상상만 해도 너무 끔찍하네!

테스트할 수 있는 수준으로만 개발할 때는 파이어베이스가 딱이야!

이런 끔찍한 일을 막으려면 어떻게 해야 할까? 테스트할 수 있는 수준으로만 개발하면 돼. 이때 사용하기 좋은 도구가 바로 파이어베이스야. 왜냐고? 파이어베이스는 이미 만들어져 있는 서버이므로 따로 개발할 필요가 없고, 게다가 잘 설계해서 만든 서버와 비교해도 부족하지 않은 성능을 가지고 있기 때문이야. 서비스 런칭에는 서버 개발이 필수인데, 서버 개발 시간을 줄이면 시간을 아낄 수 있겠지? 아낀 시간을 잘 이용하면 경쟁 서비스보다 더 빨리 고객을 확보할 수도 있고 말이야! 서비스가 더 커진 후에 서버를 직접 만들고, 직접 만든 서버로 파이어베이스의 데이터베이스를 옮길지 말지 고려해도 늦지 않을 거야. 아무튼 누이터는 여러분이 서비스를 빠르게 만들어야 하는 상황을 가정하여 만들 거야.

혹시 데이터가 아주 중요하다면? 조금 더 고민해 보자!

그런데 파이어베이스는 데이터가 서비스에 종속돼. 그래서 파이어베이스에 쌓인 데이터는 가공하거나 다른 데이터베이스로 옮기기가 좀 어려워. 그래서 데이터가 아주 중요한 서비스를 만들려고 한다면 조금 더 고민해 보길 바라.

파이어베이스 비용 알아보기

파이어베이스는 완전 무료는 아니야. 파이어베이스에서 지정한 수치보다 더 많은 양의 데이터를 사용하면 쓴 만큼 비용을 지불해야 해. 유료 서비스라니 좀 겁날 수도 있겠지만 그럴 필요 없어. **파이어베이스는 무료로도 충분히 많은 양의 데이터를 사용할 수 있거든. 게다가 누이터는 학습 용도로 만드는 앱이라 비용이 발생할 일이 없을 거야.** 다음은 파이어베이스가 제공하는 무료·유료 서비스의 종량제 범위야. 간단히 보고 누이터 개발을 위한 환경 설정 단계로 넘어가자.

▶ GiB는 좀 더 정확하게 용량을 표현하는 단위입니다. 기비바이트(Gibibyte)라고 읽으며 1024^3을 의미합니다. GB(Gigabyte)가 $1,000^3$인 점과 다릅니다.

▶ 네트워크 이그레스란 '서버에서 데이터를 다운로드할 때의 트래픽'을 의미합니다.

	무료	종량제
Cloud Firestore		
저장된 데이터	총 1GiB	$0.18/GiB
네트워크 이그레스^{network egress}	10GiB/월	Google Cloud pricing
문서 쓰기	일일 20K	$0.18/100K
문서 읽기	일일 50K	$0.06/100K
문서 삭제	일일 20K	$0.02/100K
인증		
전화 - 미국, 캐나다, 인도	10K/월	$0.01/건
전화 - 다른 모든 국가	10K/월	$0.06/건
다른 인증 서비스	지원	지원
저장소		
저장된 크기	5GB	GB 당 $0.026
다운로드한 크기	일일 1GB	GB 당 $0.12
업로드 작업	일일 20K	$0.05/10K
다운로드 작업	일일 50K	$0.004/10K

02

환경 설정하기

다시 준치 조교입니다! 여기서는 누이터 개발을 위해 필요한 도구를 설치합니다. 이런 과정을 환경 설정이라 해요. 환경 설정은 매우 중요한 과정입니다. 이 과정에서 오류가 나거나 문제가 생기면 나중에 실습하다 잘 되지 않아서 고생할 수도 있거든요. 천천히 저만 따라오세요!

 니꼬샘
강의 보기

https://youtu.be/XmphnM9Wj2k

02-1 알고 보면 쉬운 환경 설정

누이터는 노드제이에스, 리액트, 파이어베이스 외 여러 도구를 사용해 개발합니다. 노드제이에스부터 설치해 보겠습니다. 앞으로 노드제이에스는 node.js라 부를게요.

액션 01 node.js 설치 확인하기

혹시라도 node.js가 설치되어 있을 수도 있으니 node.js 버전을 확인해 보겠습니다. 아참, 이 책은 윈도우 기준으로 실습을 설명합니다.

▶ macOS를 사용하고 있다면 터미널을 실행해서 명령어를 입력해 주세요.

▶ 이 책에서는 윈도우의 명령 프롬프트, macOS의 터미널을 모두 터미널이라 부르겠습니다.

터미널

터미널 창을 띄우려면 윈도우 검색 창에 cmd라고 입력하세요.

```
> node -v
```

node.js가 설치되어 있는 경우

명령어를 찾지 못해서 발생하는 오류 메시지

node.js가 설치되어 있지 않은 경우

node.js를 설치한 적이 없다면 위와 같이 '명령어가 동작하지 않는다'는 오류 메시지가 나타날 것입니다. node.js가 설치되어 있다면 버전을 확인해 보고, 14.16.0 버전보다 낮은 버전이라면 삭제 후 다음 액션을 진행해 주세요.

node.js 설치하고 확인하기

node.js 공식 홈페이지 nodejs.org/ko에 접속해 'LTS'라는 단어가 표시되어 있는 〈14.17.0 LTS〉 버튼을 눌러 설치 파일을 다운로드하고 설치를 진행하세요. 설치 과정은 간단하므로 생략하겠습니다.

▶ LTS(Long Term Support)는 안정화 버전, Current는 베타 테스트 버전 정도로 생각하면 됩니다.

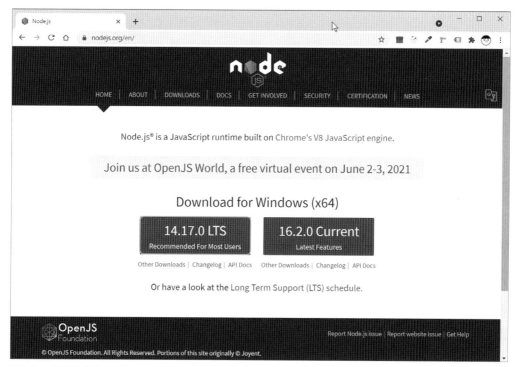

nodejs.org의 메인 화면

node.js 설치 후 **액션 01**의 명령어를 다시 실행해 node.js의 버전 출력을 확인해 보세요. 버전이 출력되면 잘 설치된 것입니다. 또 node.js를 설치하면 npm이라는 도구도 함께 설치됩니다. npm 설치 여부는 다음 명령어로 확인하면 됩니다.

▶ npm이란 node package manager의 줄임말입니다. 말 그대로 노드의 패키지를 관리해 주는 도구죠.

터미널

```
> npm -v
```

액션 03 npx 설치하기

npm은 현재 최신 버전의 노드 패키지를 데스크톱에 설치해 주는 도구이고, npx는 최신 버전의 노드 패키지를 사용하게 해주는 도구입니다. 말이 좀 알쏭달쏭하죠? **npx는 설치할 노드 패키지를 최신 버전으로 다운로드해 설치한 다음 데스크톱에 남기지 않고 삭제합니다.** 한 번 사용하고 말 노드 패키지를 굳이 데스크톱에 남길 필요는 없겠지요. 다음 명령어로 npx 를 설치하세요.

터미널

```
> npm install npx -g ← -g 옵션 필수!
```

▶ -g는 전역^{global}이라는 뜻입니다. 전역으로 npx를 설치하면 어디서든 npx를 실행할 수 있습니다.

▶ 한마디로 npx는 일회성으로 노드 패키지를 설치해 주는 도구입니다.

액션 04 비주얼 스튜디오 코드 설치하기

이 책은 비주얼 스튜디오 코드를 코드 편집기로 사용합니다. 이 편집기를 통해 리액트 보일러 플레이트 설치부터 빌드까지 사용할 것이므로 친해져 봅시다! 비주얼 스튜디오 코드는 홈페이지 code.visualstudio.com에 접속한 다음 〈Download for Windows〉 버튼을 눌러 설치 파일을 다운로드 후 실행하여 설치하면 됩니다. 설치 과정은 간단하므로 생략하겠습니다.

▶ 보일러 플레이트란 재사용할 수 있는 코드 또는 프로젝트 구성을 말합니다.

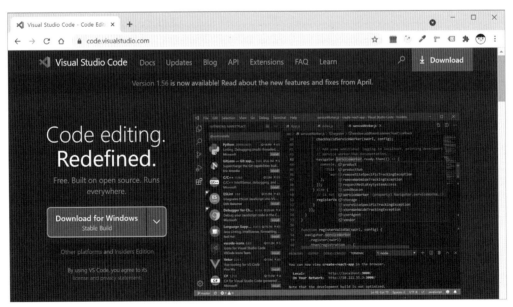

VSCode 설치 파일 다운로드 화면

액션 05 깃 설치하기

깃은 깃허브와 같은 저장소 서비스에 코드를 올리거나 내리는 저장소^{repository} 관리 도구입니다. 이 책에서는 저장소 연결, 파일 올리기, 파일 내리기, 프로젝트 배포와 같은 깃의 기초 기능만 사용합니다. 깃에 대한 자세한 설명은 하지 않을 것이므로 참고해 주세요. 깃 홈페이지 git-scm.com에서 깃 설치 파일을 다운로드해 설치해 주세요. 설치 과정은 간단하므로 생략하겠습니다.

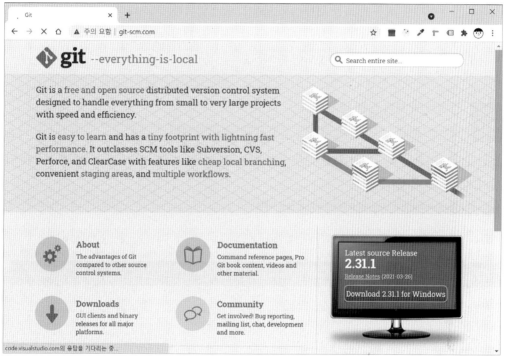

깃 공식 홈페이지 설치 파일 다운로드 버튼

준지의 보충 수업!

node.js가 뭐예요?

node.js는 브라우저 외의 환경에서 자바스크립트를 실행할 수 있게 도와주는 아주 고마운 도구입니다. 원래 자바스크립트는 웹 브라우저에서만 사용할 수 있는 언어였어요. 이 도구 덕분에 웹 브라우저가 아닌 곳에서도 자바스크립트를 사용할 수 있게 되었죠. 이는 웹 개발자에게 큰 편의를 주었습니다.

대표적인 예는 '서버에서 node.js 사용'입니다. 예전에는 웹 서버 개발을 위해 자바스크립트가 아닌 새 언어를 공부해야 했습니다. 자바스크립트가 기본 소양인 웹 개발자에게 새 언어 공부는 부담이었지요. 하지만 node.js 덕분에 새 언어를 배울 필요가 없어졌습니다.

02-2 깃허브 저장소 만들기

깃허브는 깃을 통해 코드 관리를 할 수 있게 해주는 서비스로 널리 알려져 있죠? 이 책에서는 깃허브를 누이터를 최종 배포를 위해서도 사용할 예정입니다. 그러니 처음부터 깃허브에 코드를 잘 올려 관리해야 합니다. 깃허브나 깃을 잘 몰라도 괜찮습니다. 이 책은 처음 공부하는 사람도 쉽게 따라올 수 있도록 구성되어 있거든요.

액션 01 깃허브에 저장소 만들기

새로운 저장소^{repository}를 만들어 봅시다. 깃허브 홈페이지 github.com에 접속한 다음 회원가입을 마치고 로그인한 다음 왼쪽 상단에 보이는 〈New〉를 누르세요. 그러면 저장소 만들기 화면으로 이동합니다.

▶ 깃허브 사용이 처음이라면 〈create repository〉를 누르세요.

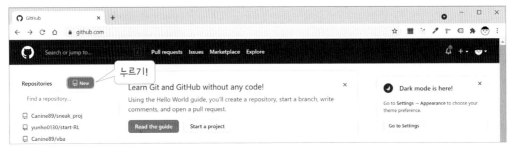

저장소 만들기 버튼 눌러 새 저장소 만들기

액션 02 저장소에 필요한 항목 입력하기

다음 그림을 참고하여 항목을 입력하세요. 저장소 이름$^{Repository\ name}$에는 'nwitter'를 입력하고, 설명^{Description}에는 'Cloning Twitter with React and Firebase'를 입력합니다. **이때 주의해야 할 항목은 'Public', 'Private' 설정입니다. 여기서 Private 설정을 하지 않도록 주의하세요.** Private으로 설정하면 여러분이 올린 프로젝트 결과물을 배포할 수 없거든요. Public 설정을 확인한 다음 〈Create repository〉를 눌러 저장소를 생성하세요.

▶ 깃허브 계정을 유료로 전환하면 Private 설정으로도 누이터를 배포할 수 있습니다.

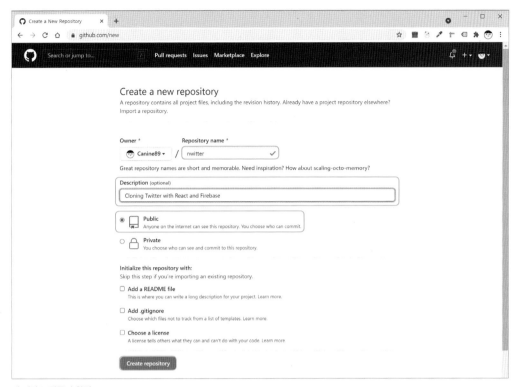

새 저장소 만들기 화면

create-react-app은 리액트 프로젝트를 빠르게 시작할 수 있게 해주는 도구입니다. 리액트 프로젝트는 꼭 create-react-app을 사용해야만 시작할 수 있는 건 아닙니다. 직접 프로젝트 환경을 준비하고 세부 설정도 할 수 있지요. 하지만 우리는 초보이고, 리액트의 세부 설정이 필요하지 않으므로 create-react-app이라는 도구의 힘을 빌려 리액트 프로젝트를 시작할 겁니다. 앞에서 npx 설치를 했었지요? npx는 일회성으로 노드 패키지를 설치해 주는 도구라고 설명했고요. create-react-app은 이 책에서 딱 1번만 사용할 도구이므로 npx로 설치해서 사용하겠습니다. 그러면 빠르게 개발을 진행해 봅시다!

액션 01 비주얼 스튜디오 코드에서 projects 폴더 열기

먼저 누이터 프로젝트를 시작할 projects 폴더를 만드세요. 폴더는 기억하기 편한 곳에 만들면 됩니다. 그런 다음 비주얼 스튜디오 코드를 실행하고 [파일 > 폴더 열기]를 눌러 projects 폴더를 여세요.

projects 폴더 만들기

비주얼 스튜디오 코드에서 projects 폴더 열기

projects 폴더가 열린 상태

비주얼 스튜디오 코드 터미널로 projects 폴더 열기

[터미널 > 새 터미널]을 눌러 터미널을 여세요. 그러면 아래에 터미널 창이 생깁니다. 이때 터미널의 시작 경로가 여러분이 비주얼 스튜디오 코드로 연 폴더의 경로인지 확인해 주세요.

반드시 projects 폴더를 연 상태에서 터미널을 여세요.

새 터미널 열기

터미널 경로가 projects로 끝나는지 반드시 확인하세요.

터미널 경로 확인

액션 03 CRA로 시작하는 리액트

create-react-app은 줄여서 CRA라고 부릅니다. 앞으로는 CRA라고 부를 게요. CRA로 리액트 프로젝트를 만들어 볼까요? 다음 명령어 1줄만 쓰면 리액트 프로젝트가 뚝딱 만들어집니다! 비주얼 스튜디오 코드의 터미널에 다음 명령어를 입력해 보세요!

설치는 약 3~5분 정도 걸립니다. 그만큼 리액트 프로젝트에 필요한 것이 많은 거죠. 설치가 완료되면 projects 폴더에 nwitter 폴더가 생성됩니다. 비주얼 스튜디오 코드에서 〉 모양의 버튼을 누르면 폴더가 펼쳐집니다. 폴더를 살펴보면 리액트 프로젝트에 필요한 파일과 폴더가 들어 있습니다. 아래 그림을 참조하여 똑같이 설치되었는지 확인해 보세요.

리액트 프로젝트 폴더 확인 필수!

액션 04 비주얼 스튜디오 코드에서 nwitter 폴더 다시 열기

앞으로는 nwitter 폴더를 중심으로 작업을 진행합니다. [파일 〉 폴더 열기]를 눌러 nwitter 폴더를 기준으로 비주얼 스튜디오 코드를 새로 시작하세요.

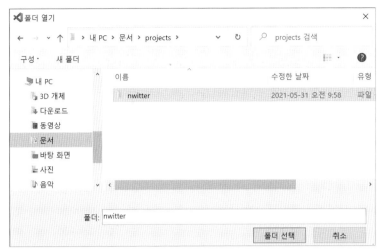

nwitter 폴더 다시 열기

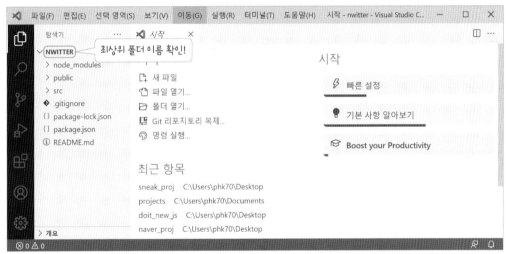

탐색기 최상위 폴더 이름이 NWITTER로 변경됨

액션 05 **깃허브 저장소와 nwitter 폴더 연결하기**

깃허브 저장소와 nwitter 폴더를 연결해 보겠습니다. 명령어가 좀 길어요. 조심해서 입력하세요.

기초 파일 수정하기

비주얼 스튜디오 코드에서 README.md 파일을 열어 전체 내용을 삭제하세요. 그런 다음 아래의 내용을 입력하세요. 이때 수정해 보자! 에 있는 폴더 표시 방법이 궁금한 독자를 위해 간단히 알려주자면 ./ 표시는 현재 폴더를 의미합니다. ../ 표시는 현재 폴더에서 바로 위의 폴더를 의미하고요. 앞으로 여러 파일과 폴더를 이동하며 작업하게 되므로 폴더 위치를 확인할 때 참고하세요. 모든 작업은 nwitter 폴더에서 시작하니 ./는 'nwitter 폴더에서 시작하는'으로 이해하면 됩니다.

▶ 앞으로 입력해야 하는 내용은 별도 색상으로 표시하겠습니다. 참고해 주세요!

▶ md 파일은 마크다운 문법을 사용하는 문서입니다. 마크다운 문법은 guides.github.com/features/mastering-markdown에 접속하여 공부해 보세요.

수정해 보자! ./README.md
./ 표시는 현재 폴더를 의미합니다.

```
# Nwitter

Twitter (mini)clone with React and Firebase
```

이어서 리액트 명령어를 수정하겠습니다. package.json 파일을 열어 test와 eject 명령어를 삭제하세요.

수정해 보자! ./package.json

```
(...생략...)
"scripts": {
    "start": "react-scripts start",
    "build": "react-scripts build"      ← 쉼표 삭제도 잊지 마세요!
    "test": "react-scripts test",
    "eject": "react-scripts eject"       두 명령어 삭제하기!
},
(...생략...)
```

계속해서 index.js 파일을 수정하겠습니다. 누이터 만들기에 필요하지 않은 코드를 삭제하는 과정입니다.

```
import React from "react";
import ReactDOM from "react-dom";
import "./index.css";
import App from "./App";
import reportWebVitals from "./reportWebVitals";


ReactDOM.render(
  <React.StrictMode>
    <App />
  </React.StrictMode>,
  document.getElementById("root")
);
```

> 성능을 측정하기 위한 reportWebVitals 함수는 지우세요.

```
// If you want to start measuring performance in your app, pass a function
// to log results (for example: reportWebVitals(console.log))
// or send to an analytics endpoint. Learn more: https://bit.ly/CRA-vitals
reportWebVitals();
```

src/App.js 파일에서 필요하지 않은 코드를 삭제하고 새로 코드를 입력합니다.

```
import logo from "./logo.svg";
import "./App.css";


function App() {
return (
    <div>App</div>
    <div className="App">
      <header className="App-header">
        <img src={logo} className="App-logo" alt="logo" />
        <p>
          Edit <code>src/App.js</code> and save to reload.
        </p>
        <a
          className="App-link"
          href="https://reactjs.org"
```

> 새로 입력!

> div 열기 태그부터

```
          target="_blank"
          rel="noopener noreferrer"
        >
          Learn React
        </a>
      </header>
    </div>      ┌─────────────────────┐
              │ div 닫기 태그까지 삭제! │
                  └─────────────────────┘
  );
}


export default App;
```

액션 07 불필요한 파일 삭제하기

마지막으로 불필요한 파일을 삭제합니다. 비주얼 스튜디오 코드 왼쪽 파일 탐색기에서 App.css, App.test.js, index.css, logo.svg, reportWebVitals.js, setupTest.js 파일을 선택하세요. 여러 파일을 선택하려면 Ctrl 을 누른 채로 파일을 하나씩 마우스 왼쪽 버튼으로 누르면 됩니다. 파일을 다 선택했으면 마우스 오른쪽 버튼을 누르고 삭제 메뉴를 눌러 삭제하면 됩니다.

▶ CRA의 버전에 따라 파일 구성이 다를 수 있습니다. 핵심은 App.js, index.js 파일만 남기는 것입니다!

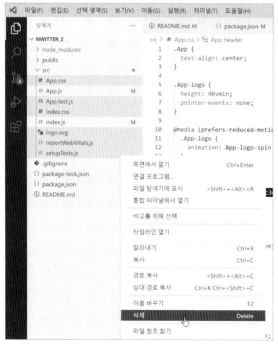

불필요한 파일 미리 삭제하기

깃허브에 파일 올리기

다음 명령어를 차례대로 입력해 깃허브에 프로젝트 폴더를 업로드하세요. 파일 올리기가 완료되면 여러분의 저장소가 그림과 같이 바뀌어 있을 것입니다.

▶ 만약 warning: LF will be replaced by CRLF...와 같은 메시지가 출력되면 git config --global core.autocrlf true를 입력하세요.

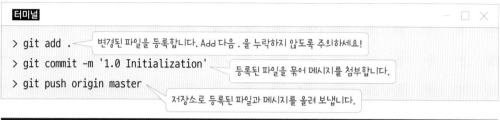

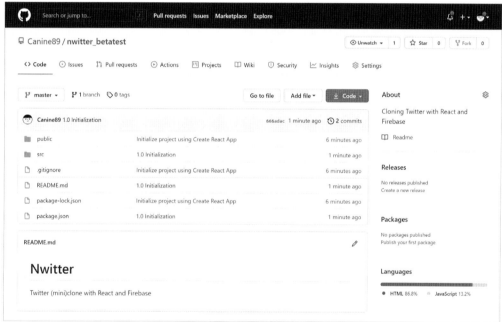

깃허브 저장소가 바뀐 모습

02-4 파이어베이스 설정하기

이제 리액트 프로젝트에 파이어베이스를 연동하겠습니다. 파이어베이스 연동을 마치면 나만의 데이터베이스 서버가 생기는 셈이죠. 파이어베이스 연동 과정이 무척 간단해서 아마 놀랄수도 있을 겁니다. 그럼 시작해 볼까요?

액션 01 파이어베이스 프로젝트 만들기

파이어베이스 홈페이지 firebase.google.com에 접속합니다. 그런 다음 〈시작하기〉를 누르고, 이어서 〈프로젝트 만들기〉를 누릅니다.

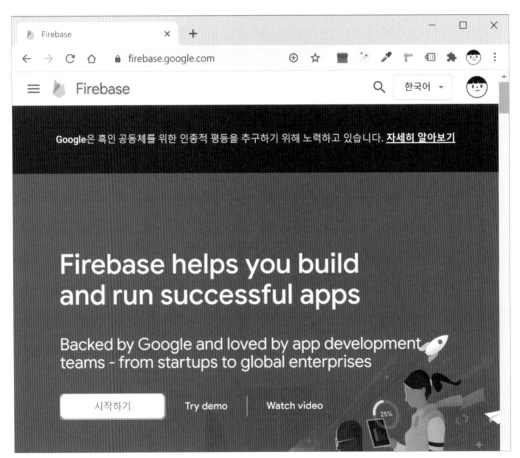

파이어베이스 홈페이지 화면

파이어베이스 프로젝트 만들기 페이지

그러면 프로젝트 이름을 지정할 수 있는 화면이 나옵니다. 프로젝트 이름은 리액트 프로젝트 이름과 동일하게 지어줍니다. 파이어베이스를 처음 사용한다면 'Firebase 약관에 동의합니다'에 체크한 후 〈계속〉을 눌러 주세요.

프로젝트 이름 설정 화면

상위 리소스 설정을 해야 하는 경우 아래의 화면을 참고하여 상위 리소스를 선택하세요.

상위 리소스 선택 화면(구글 계정에 상위 조직이 있을 경우)

다음으로 나오는 화면에서 '이 프로젝트에서 Google 애널리틱스 사용 설정'을 끄고 〈프로젝트 만들기〉를 눌러 프로젝트 설정을 마치세요. 조금 기다리면 프로젝트가 준비됩니다.

▶ 구글 애널리틱스는 여러분이 만든 사이트의 사용자 통계 수치 등을 알려주는 구글 서비스입니다. 이 책에서는 구글 애널리틱스를 다루지 않으므로 사용 해제하기를 권합니다.

구글 애널리틱스 설정 화면

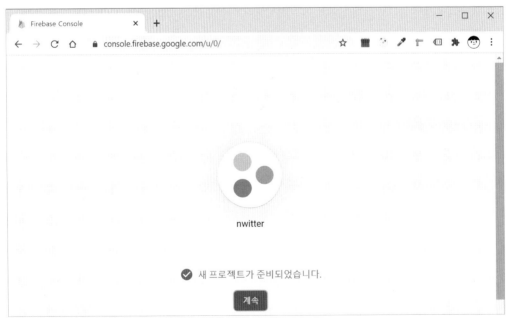

프로젝트 생성 화면과 준비 완료 화면

'새 프로젝트가 준비되었습니다.' 문구가 나오면 프로젝트가 잘 만들어진 것입니다. 〈계속〉
버튼을 눌러 다음으로 진행하세요.

액션 02 파이어베이스에 웹 애플리케이션 등록하기
프로젝트 만들기가 끝나면 파이어베이스 관리 화면이 나옵니다. 그림에서 보이는 〈/〉
모양의 버튼을 눌러 웹 애플리케이션을 등록하겠습니다. 그렇습니다. 우리의 누이터는 웹 애
플리케이션입니다.

▶ 버튼 종류에서 보듯 파이어베이스는 ios와 안드로이드, 유니티에서도 사용할 수 있습니다.

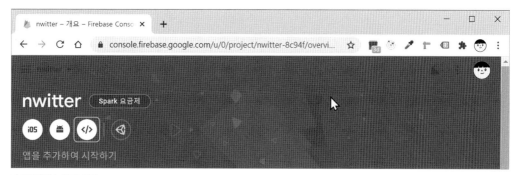

파이어베이스 관리 화면

웹 앱에 Firebase 추가 화면에서 '또한 이 앱의 Firebase 호스팅을 설정하세요' 체크 해제가
되어 있는지 확인 후 〈앱 등록〉을 누릅니다.

파이어베이스 웹 애플리케이션 등록 화면

액션 03 firebaseConfig값 복사하고 firebase.js 파일 수정하기

그러면 Firebase SDK 추가 내용이 펼쳐집니다. 여기서 firebaseConfig값을 미리 복사하세요.

파이어베이스 SDK 추가 내용 화면

이제 터미널에 다음 명령어를 입력해 파이어베이스 SDK 리액트 버전을 누이터에 설치합니다. 명령어 실행은 반드시 루트 폴더에서 실행하세요. 아참, 루트 폴더는 npx로 만든 프로젝트 폴더 nwitter를 의미합니다. 앞으로 루트 폴더는 nwitter로 이해하면 됩니다.

터미널　　　　　　　　　　　　　　　　　　　　　　　　　　　　　　　　　　　　　　　－ □ ✕

```
> npm install firebase
```

루트 폴더(nwitter)에서 명령어 실행

src 폴더에 firebase.js 파일을 새로 만든 다음 앞에서 복사한 값을 이용하여 코드를 입력하세요. 저의 경우 ES6 문법을 사용하기 위해 `var firebaseConfig`를 `const firebaseConfig`로 바꿔 주었습니다.

src 폴더에 새 파일 firebase.js 만들기

./src/firebase.js

```
import firebase from "firebase/app";

const firebaseConfig = {  ← 앞에서 복사한 firebaseConfig값을 붙여 넣으세요.
  apiKey: "abcdefghijklmnopqrstuvwxyz",
  authDomain: "nwitter-9a265.firebaseapp.com",
  projectId: "nwitter-9a265",
  storageBucket: "nwitter-9a265.appspot.com",
  messagingSenderId: "720186765946",
  appId: "1:720186765946:web:61bb63545bb856868581c3"
};

export default firebase.initializeApp(firebaseConfig);
```

여기서 코드를 잠시 설명하겠습니다. 리액트에서 모듈은 `import` 문으로 불러올 수 있는데요. `import firebase from "firebase/app";`은 `"firebase/app"`에 포함된 모든 모듈을 `firebase`라는 객체에 부여한다는 뜻입니다. 맨 아래의 코드를 보면 `firebase.initializeApp`이 보이죠? 이것이 바로 `initializeApp` 함수를 `firebase` 객체에서 꺼내 사용한 것입니다. 함수에는 앞에서 복사한 값을 `firebaseConfig`에 담아 전달해 실행하고 있고요. 이렇게 하면 파이어베이스를 초기화해 모듈로 내보낼 수 있게 됩니다.

액션 04 파이어베이스 동작 확인하기

이제 파이어베이스가 잘 동작하는지 확인해 보겠습니다. 동작 확인은 아주 간단합니다. index.js 파일에 **액션 03**에서 내보낸 파이어베이스 모듈을 `console.log` 함수로 출력해 보면 됩니다. src/index.js 파일을 다음과 같이 수정하고 저장하세요.

./src/index.js

```
import React from "react";
import ReactDOM from "react-dom";
import App from "./App";
import firebase from "./firebase";
console.log(firebase);

ReactDOM.render(
  <React.StrictMode>
```

```
    <App />
  </React.StrictMode>,
  document.getElementById("root"),
);
```

파일 저장 후 루트 폴더에서 다음 명령어를 입력하세요. 그러면 리액트 서버가 실행됩니다.

```
> npm run start
```

그러면 자동으로 웹 브라우저가 실행되며 localhost:3000로 이동할 것입니다. 화면에는
App.js에서 입력한 값인 App만 보일 것입니다. 아까 console.log 함수로 출력한 내용은 개
발자 도구를 열어 확인할 수 있습니다. 크롬 브라우저 기준으로 F12를 누르면 개발자 도구의
콘솔^{console}이 열립니다. 다음 내용이 출력되는지 확인해 보세요.

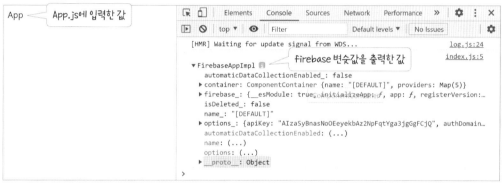

console.log로 확인한 firebase 변숫값

소스 확인   2장을 완료한 상태의 전체 소스를 보려면 vo.la/dazBu에 접속해서 '2장 완료 커밋' 링크를 눌러
변경된 내용을 확인해 보세요.

03

트위터 클론 코딩 시작하기

안녕 니꼬샘이야! 준치 조교와 환경 설정 열심히 했지? 이제부터 리액트와 데이터베이스를 공부할 거야. 누이터 클론 코딩이 시작된 거지! 너무 재밌을 것 같지 않아? 파이어베이스와 누이터 연동을 준비하고 라우터 기능을 추가하면서 누이터 프로젝트의 기본 뼈대를 완성하자.

 니꼬샘
강의 보기

https://youtu.be/9siMJ4kd_Mg

03-1 파이어베이스의 비밀키 숨기기

파이어베이스의 비밀키 살펴보기

파이어베이스 프로젝트에서 복사한 코드를 firebase.js 파일에 입력했었지? 파일을 보면 firebaseConfig 변수에 apiKey와 같은 값들이 보일 거야. 이 값들이 파이어베이스에 접속하는 비밀키로 쓰여.

> **확인해 보자!** ./src/firebase.js

```
import firebase from "firebase/app";

const firebaseConfig = {
  apiKey: "abcdefghijklmnopqrstuvwxyz",
  authDomain: "nwitter-9a265.firebaseapp.com",
  projectId: "nwitter-9a265",
  storageBucket: "nwitter-9a265.appspot.com",
  messagingSenderId: "720186765946",
  appId: "1:720186765946:web:61bb63545bb856868581c3"
};

export default firebase.initializeApp(firebaseConfig);
```

비밀키가 노출되면 어떻게 될까? 예를 들어 우리가 깃허브에 firebase.js 파일을 올리면 누구나 비밀키를 볼 수 있는데, 만약 그러면 비밀키를 본 사람이 우리의 데이터베이스에 접근해서 데이터를 바꾸는 등의 보안 문제가 생길 수도 있어. 그러면 안 되겠지? 이런 상황을 막으려면 환경 변수라는 것으로 비밀키를 숨겨야 해.

비밀키 숨기는 방법 알아보기

비밀키를 숨기는 법은 간단해. .env 파일을 만들고, 그 파일에 비밀키 변수를 등록한 다음, 비밀키가 필요한 다른 파일에서 비밀키 변수를 불러 참조하게 만들면 돼. 이때 '비밀키 변수'가 바로 환경 변수야. 이렇게 하면 다른 코드에서 abcdefghi...와 같은 비밀키 자체를 사용하는 것이 아닌 REACT_APP_API_KEY와 같은 비밀키 변수를 참조할테니 .env 파일만 깃허브에 업로드하지 않으면 비밀키 노출을 막을 수 있어. 이 방법을 사용하면 깃허브에 프로젝트를 올려도 비밀키가 노출되지 않을 거야. 그럼 이제 비밀키를 숨기는 작업을 진행해 보자.

액션 01 .env 파일로 환경 변수 설정하기

CRA로 만든 리액트 프로젝트에는 환경 변수를 등록할 수 있는 기능이 내장되어 있어. .env 파일을 package.json 파일이 있는 루트 폴더에 새로 만들어 보자. **점(.) 기호를 포함하여 .env라고 파일 이름을 지어야 하니 주의해!**

.env 파일이 있는 위치를 확인하고 다음을 입력해 보자. **내가 입력한 값을 그대로 입력하지 말고 firebase.js 파일의 변숫값을 복사해서 .env 파일로 옮겨야 해. firebase.js 파일의 apiKey는 .env 파일의 REACT_APP_API_KEY로 옮기는 식으로 말야.**

환경 설정 파일 .env의 위치 확인

작성해 보자 ./.env

```
REACT_APP_API_KEY = abcdefghijklmnopqrstuvwxyz
REACT_APP_AUTH_DOMAIN = nwitter-9a265.firebaseapp.com
REACT_APP_PROJECT_ID = nwitter-9a265
REACT_APP_STORAGE_BUCKET = nwitter-9a265.appspot.com
REACT_APP_MESSAGING_SENDER_ID = 720186765946
REACT_APP_APP_ID = 1:720186765946:web:61bb63545bb856868581c3
```

변수 이름 앞에 REACT_APP_이 붙었지? CRA로 만든 리액트 프로젝트에서 .env 파일에 환경 변수를 정의하려면 변수 맨 앞에 REACT_APP_을 붙여야 해. 이게 규칙이야. 그럼 이제 .env 파일을 숨기는 방법을 알아보자.

액션 02 .env 파일 숨기기

.env 파일로 비밀키를 보호할 수 있다고 했지? 하지만 .env 파일 자체가 깃허브에 올라가면 보호 작업은 무용지물이 될 거야. 그래서 깃허브에 코드를 올릴 때 .env 파일을 제외해야 해. 그 방법은 .gitignore 파일을 이용하면 돼. .gitignore 파일의 역할은 파일 이름에서 알 수 있듯이 깃이 무시할 내용이라는 뜻이야. 다음과 같이 파일을 수정해 보자.

수정해 보자! **./.gitignore**

```
(...생략...)
# misc
.DS_Store
.env
.env.local
.env.development.local
.env.test.local
.env.production.local

npm-debug.log*
yarn-debug.log*
yarn-error.log*
(...생략...)
```

.gitignore 파일에 .env라고 추가하면 깃으로 파일들을 깃허브에 올릴 때 .env 파일을 제외할 수 있어! 어때? 너무 쉽지?

액션 03 firebaseConfig.js에 환경 변수 적용하기

이제 firebase.js 파일을 열어 비밀키를 환경 변수에 있는 변수들로 바꿔 보자! 다음과 같이 수정하면 돼!

수정해 보자! **./src/firebase.js**

```
import firebase from "firebase/app";

const firebaseConfig = {
  apiKey: process.env.REACT_APP_API_KEY,
  authDomain: process.env.REACT_APP_AUTH_DOMAIN,
  projectId: process.env.REACT_APP_PROJECT_ID,
  storageBucket: process.env.REACT_APP_STORAGE_BUCKET,
  messagingSenderId: process.env.REACT_APP_MESSAGING_SENDER_ID,
  appId: process.env.REACT_APP_APP_ID
};

export default firebase.initializeApp(firebaseConfig);
```

그리고 다른 파일에서 환경 변수를 가져다 쓰려면 단순히 변수 이름만 입력하면 안 돼. 예를 들어 `REACT_APP_API_KEY` 이렇게만 입력하면 안 된다는 뜻이야. 다른 파일에서 환경 변수를 쓰려면 `process.env.`를 붙여서 `process.env.REACT_APP_API_KEY`와 같은 방식으로 입력해야 해. `process.env.`는 '.env 파일을 읽어 파일 안에 있는 변숫값을 불러오라'는 뜻이야. 다시 말해 `process.env.REACT_APP_API_KEY`는 누이터를 빌드하는 시점에 .env 파일의 apiKey값, 즉 진짜 비밀키로 대체되는 거지. 이런 방식으로 코드에 비밀키를 노출하지 않으면서도 실제로는 비밀키를 적용할 수 있는 거야.

▶ 이 책은 보안을 구체적으로 다루지 않으므로 비밀키를 완벽하게 은닉하는 방법은 설명하지 않습니다. 사실 위 방법은 비밀키를 완벽하게 감추는 방법은 아닙니다. 실제로 누이터 빌드 파일 자체를 열어 보면 비밀키가 그대로 드러나 있습니다. 하지만 깃허브 노출만 막아도 보안 위협을 크게 줄일 수 있습니다.

03-2 라우터 준비하기

파이어베이스의 비밀키도 잘 숨겼으니 이제 누이터에 파이어베이스를 사용해 보자. 그러려면 누이터 프로젝트의 구조를 구성해야 해. 리액트에서 프로젝트 구조 구성은 라우터를 적용하기 위해 한다고 봐도 돼. 라우터가 뭔지 모르는 사람을 위해 간단히 설명해 주자면 라우터는 주소 표시줄에 my.site.com/a나 my.site.com/b와 같은 주소를 입력했을 때 어떤 컴포넌트를 보여 줄지 결정하는 역할을 해.

입력된 주소를 보고 어떤 컴포넌트 보여 줄지 판단하는 라우터

그럼 라우터가 제대로 동작하려면 어떤 작업을 해야 할까? 라우터가 이해할 수 있도록 파일과 폴더를 구성해 줘야 해.

액션 01 누이터의 뼈대 만들기

라우터를 적용하기 전에 누이터의 뼈대를 세우자. 이때 내가 사용하는 방법은 페이지는 routes 폴더에, 페이지를 이루는 구성 요소들은 components 폴더에 나눠 저장하는 거야. 오른쪽 그림을 보면서 폴더와 파일을 미리 만들어 보자. App.js 파일은 이미 있지? 이 파일은 components 폴더에 옮기자. routes 폴더에는 Auth.js, EditProfile.js, Home.js, Profile.js 파일을 만들어 넣으면 돼.

누이터 뼈대, 폴더와 파일 구성 확인

액션 02 이동한 파일을 참조하는 파일 수정하기

액션 01에서 App.js 파일의 위치를 옮겼으니 App.js를 참조하는 파일의 import 문을 모두 수정해야 해. 이 파일들은 App.js 파일의 이전 위치를 참조하고 있으니 이대로 누이터를 실행하면 오류가 발생할 거야. 지금은 App.js 파일을 index.js 파일에서 참조하고 있어. index.js 파일을 다음과 같이 수정하자.

수정해 보자! ./src/index.js

```
import React from "react";
import ReactDOM from "react-dom";
import App from "./components/App";    ← 파일 위치를 업데이트하자!
import App from "./App";
import firebase from "./firebase";
console.log(firebase);

ReactDOM.render(
  <React.StrictMode>
    <App />
  </React.StrictMode>,
  document.getElementById("root"),
);
```

액션 03 새로 만든 파일 내용 채우기

routes 폴더에 있는 파일에 내용을 하나씩 채워 보자. 파일 위치를 확인하면서 코드를 입력하도록 해. 지금 입력하는 내용은 라우터 동작을 확인하려고 임시로 입력하는 내용이므로 코드의 양이 많진 않을 거야. 다음은 라우터가 렌더링해 줄 파일들이야. 예를 들어 mysite/auth 페이지로 이동하면 Auth.js 파일을, mysite/editprofile 페이지로 이동하면 EditProfile.js 파일을 렌더링하는 거지.

수정해 보자! ./src/routes/Auth.js

```
const Auth = () => <span>Auth</span>;

export default Auth;
```

./src/routes/EditProfile.js

```
const EditProfile = () => <span>EditProfile</span>;


export default EditProfile;
```

./src/routes/Home.js

```
const Home = () => <span>Home</span>;


export default Home;
```

./src/routes/Profile.js

```
const Profile = () => <span>Profile</span>;


export default Profile;
```

액션 04 react-router-dom 설치하고 라우터 설정하기

라우터를 설치할 차례야. react-router-dom을 설치하고 Router.js 파일을 components 폴더에 새로 만들어 넣으면 돼. 서버를 종료한 상태가 아니라면 [Ctrl] + [C]를 눌러 서버를 종료한 다음 실습을 진행하자.

터미널 — □ ✕

```
> npm install react-router-dom
```

Router.js 파일을 보면 react-router-dom에 있는 `HashRouter, Switch, Route`로 라우터를 구현하고 있어.

./src/components/Router.js

```
import { HashRouter as Router, Route, Switch } from "react-router-dom";
```
> as를 이용해서 HashRouter의 이름을 Router로 바꿔 주었어. 이렇게 하면 코드가 더 깔끔해져!
```
const AppRouter = () => {
  return (
```
> Router를 미리 정의했기 때문에 중복되면 안 되므로 AppRouter로 정의했어.
```
    <Router>
      <Switch>
```
> Switch를 사용하면 여러 가지 Route 중 하나만 렌더링할 수 있게 해줘.

```
          <Route />
        </Switch>
      </Router>
    );
  };


export default AppRouter;
```

03-3 라우터 적용하기

앞에서 라우터는 '어떤 화면을 보여 줄지 관리해 주는 친구'라고 했었지? 이걸 조금 더 전문적으로 말해 볼게. 라우터는 '어떤 컴포넌트'를 '렌더링'할지 결정하는 역할을 해. 그럼 컴포넌트는 뭘까? 화면을 표현하기 위한 조각이야. 렌더링은 말 그대로 그린다는 뜻이고. 이건 리액트의 완전 기초 내용이니까 더 자세히 설명하지 않을게. 궁금하면 다른 책으로 공부하고 오도록!

상태 사용을 위한 훅스

리액트는 두 가지 형태로 컴포넌트를 사용할 수 있고, 두 컴포넌트는 컴포넌트에서 변경할 수 있는 변수, 즉 상태를 관리하는 방식이 서로 달라. 우리는 함수 컴포넌트만 사용할 건데 함수 컴포넌트는 상태 관리를 위해 훅스^{Hooks}를 사용해. 함수 컴포넌트에서는 상태를 사용하려면 반드시 훅스를 사용해야 하는 거지. 훅스 개념은 실습을 진행하면 자연스럽게 이해할 수 있을 거야. 궁금하다면 공식 문서를 미리 읽어 보는 걸 추천해.

▶ 리액트 상태: ko.reactjs.org/docs/faq-state.html

▶ 리액트 훅스: ko.reactjs.org/docs/hooks-intro.html

훅스를 위한 useState 함수의 역할

훅스를 사용하려면 useState 함수를 쓰면 돼. 이 함수는 인자로 [상태, 상태 관리 함수 이름]와 같은 형태의 배열을 입력 받는데, 입력 받은 상태와 상태 관리 함수를 짝지어 줘. 이게 무슨 말일까? 예를 들어 useState 함수로 로그인 여부를 판단하기 위한 상태를 만들고 싶다고 가정해 보자. 이 상태를 이용해서 true, false에 따라 특정 컴포넌트를 보여 주려고 하는 거지. 그러면 [isLoggedIn, setIsLoggedIn] = useState(false)와 같이 useState 함수를 사용해서 상태와 상태 관리 함수를 짝으로 만들어 주면 돼. 이렇게 하면 isLoggedIn의 값은 setIsLoggedIn 함수만 사용해서 변경할 수 있게 돼.

'상태가 아니라 그냥 자바스크립트 변수를 만들고, 변숫값을 변경해서 컴포넌트를 보여 주는 식으로 개발하면 안 되나요?'라고 질문할 수 있어. 하지만 리액트 함수 컴포넌트는 그런 방법을 허용하지 않아. 이 내용도 실습을 진행하면 자연스럽게 알게 될 거야. useState 함수의 동작 원리가 궁금하다면 리액트 공식 문서를 읽어도 좋아.

▶ 리액트 useState 함수: ko.reactjs.org/docs/hooks-state.html

useState 함수 사용하기

자! 다시 돌아와서. 예를 들어 로그인이 되어 있지 않은 상태일 때 로그인 페이지를 보여주려면 어떻게 해야 할까? isLoggedIn 상태를 참조해서 렌더링할 컴포넌트를 결정하면 돼. 조금 자세히 말하면 isLoggedIn이 false면 로그인 페이지를 보여 주는 Auth 컴포넌트를 렌더링하면 돼. 반대로 isLoggedIn이 true면 로그인 후 볼 수 있는 Home 컴포넌트를 렌더링하면 되고. 이 작업을 해보자. 굉장히 중요한 작업이니까 집중해서 파일을 수정하자.

수정해 보자! ./src/components/Router.js

```
import { useState } from "react";
import { HashRouter as Router, Route, Switch } from "react-router-dom";

const AppRouter = () => {
  const [isLoggedIn, setIsLoggedIn] = useState(false);
  return (
    <Router>
      <Switch>
        <Route />
      </Switch>
    </Router>
  );
};

export default AppRouter;
```

const [isLoggedIn, setIsLoggedIn] = useState(false);이 보이지? 이 코드가 실행되면 isLoggedIn은 단순히 변수가 아니라 setIsLoggedIn으로 관리하는 상태로 취급할 수 있게 돼. 초깃값은 useState(false)에서 볼 수 있듯 false이고, setIsLoggedIn은 변수가 아니라 isLoggedIn을 변경할 때 사용하는 함수야. 예를 들어 setIsLoggedIn(true)와 같이 원하는 값을 인자로 전달하면 isLoggedIn의 값을 true로 바꿀 수 있어. 아무튼 isLoggedIn은 false니까 이를 잘 활용하면 적절한 컴포넌트를 렌더링할 수 있을 거야. 참고로 여러 개의 값을 배열에 한꺼번에 대입하는 문법은 ES6의 구조 분해 할당이야. 구조 분해 할당이 잘 생각나지 않는다면 복습하고 돌아와도 돼.

▶ 구조 분해 할당: ko.javascript.info/destructuring-assignment

액션 02 삼항 연산자와 상태로 적절한 컴포넌트 반환하기

삼항 연산자와 `isLoggedIn`을 조합해서 상태의 true, false에 따라 적절한 컴포넌트를 렌더링하도록 만들어 볼까? 로그인 여부를 구분하는 거지! 다음과 같이 수정하면 돼!

▶ 앞에서 언급했듯 IsLoggedIn값은 setIsLoggedIn 함수로 바꿉니다.

▶ IsLoggedIn값 변경은 파이어베이스 연동 과정에서 자세히 다루겠습니다.

수정해 보자! ./src/components/Router.js

```
import { useState } from "react";
import { HashRouter as Router, Route, Switch } from "react-router-dom";
import Auth from "../routes/Auth";
import Home from "../routes/Home";

const AppRouter = () => {
  const [isLoggedIn, setIsLoggedIn] = useState(false);
  return (
    <Router>
      <Switch>
        <Route />
        {isLoggedIn ? (          ← 삼항 연산자로 isLoggedIn의 값에 따라 다른 Route를 보여줘!
          <Route exact path="/">
            <Home />             ← 작성할 때 자동 완성 기능을 이용해서 import하면 정말 편해!
          </Route>
        ) : (
          <Route exact path="/">
            <Auth />
          </Route>
        )}
      </Switch>
    </Router>
  );
};

export default AppRouter;
```

▶ 비주얼 스튜디오 코드에서는 리액트 코드를 입력할 때 자동 완성 기능을 지원합니다. 자동 완성 기능이 잘 동작하지 않으면 해당 파일이 닫혀 있는지 확인해 보세요. 해당 파일을 다시 열어 두면 자동 완성 기능이 작동하는 것을 것을 볼 수 있습니다.

Route 컴포넌트에 exact, path="/" 프롭스를 전달한 게 보이지? 이렇게 하면 누이터에 처음 접속했을 때 Home 또는 Auth 컴포넌트를 보여 줄 수 있어. 앞으로 이런 페이지를 루트 페이지 라고 할게.

▶ 프롭스는 상태의 반대 개념으로 컴포넌트에 특정값을 전달할 때 사용합니다. 그리고 프롭스에 true 또는 false를 전달할 때는 true는 생략할 수 있습니다.

▶ 리액트 프롭스: ko.reactjs.org/docs/components-and-props.html

npm start 명령어 실행하기

이제 리액트 앱을 실행해 보자! 루트 폴더에서 다음 명령어를 실행하면 돼.

```
터미널                                                       —  □  ✕

> npm start
```

명령어 실행 후 나오는 화면은 다음과 같을 거야.

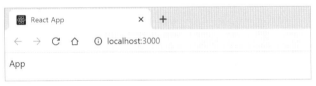

리액트 앱 실행 화면

'App'이라는 글자만 덩그러니 있네. 이상하지 않아? **액션 02**에서 로그인 여부에 따라 Home 컴포넌트 또는 Auth 컴포넌트를 렌더링하도록 설정했는데 말이지. 우선은 `isLoggedIn`이 `false`이므로 최소한 Auth 컴포넌트가 보여야 해. 뭔가 더 수정해야 될 거 같네.

App.js 수정하기

아하, App 컴포넌트에서 AppRouter 컴포넌트를 렌더링하지 않아서 그랬네. 그럼 코드 를 수정해 볼까?

▶ 아직 setIsLoggedIn 함수를 사용하지 않아서 콘솔에 경고 메시지가 나오지요? 곧 setIsLoggedIn 함수를 사용하여 경고 메시지 를 없앨 예정입니다. 실행에는 문제가 없으니 이 단계에서는 경고 메시지를 무시하고 넘어가세요.

```
수정해 보자!  .src/components/App.js

import AppRouter from "./Router";

function App() {
  return <AppRouter />;  ◁── 자동 완성으로 입력해 봐!
  return <div>App</div>;
}

export default App;
```

코드를 수정한 후 웹 브라우저
를 확인하면 'App'이 'Auth'로
바뀌었을 거야. 라우터가 정상
으로 적용된 거지.

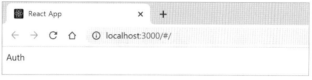

라우터가 제대로 적용된 화면

액션 05 isLoggedIn 변경해 보기

그러면 isLoggedIn이 false가 아니라 true면 어떻게 될까? 다음으로 넘어가기 전에
isLoggedIn이 true가 되면 Home 컴포넌트를 렌더링하는지 확인해 보자.

```
수정해 보자!  ./src/components/Router.js

(...생략...)
const AppRouter = () => {
  const [isLoggedIn, setIsLoggedIn] = useState(true);
(...생략...)
```

짜잔! 화면에 출력되는 값이
'Auth'에서 'Home'으로 바뀌
었지? 성공했다면 다음 장으로
넘어가 보자!

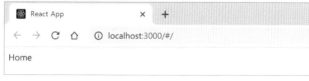

화면이 Auth에서 Home으로 바뀐 상태

소스 확인

3장을 완료한 상태의 전체 소스를 보려면 vo.la/dazBu에 접속해서 '3장 완료 커밋' 링크를 눌러
변경된 내용을 확인해 보세요.

04

회원가입, 로그인,
소셜 로그인 기능 만들기

라우터 실행을 확인했으니 다음으로 우리가 해야 할 일은 누이터와 파이어베이스 로그인 시스템을 연동하는 거야. 이 둘을 연동하면 어떤 장점이 있을까? 만약 여러분이 서버를 직접 구축한 상태라면 회원가입, 로그인 등의 기능을 직접 만들어야 해. 하지만 파이어베이스를 연동하면 이 모든 기능을 간단하게 적용할 수 있어. 거기다 최신 기술인 소셜 로그인까지 적용할 수 있지! 그럼 지금부터 로그인 기능을 추가해 볼까?

니꼬샘
강의 보기

https://youtu.be/vfgjl27brUl

04-1 파이어베이스 로그인 준비하기

누이터에 파이어베이스 로그인 기능을 추가하기 위해 파이어베이스 인증 기능을 연동할 준비하자. 파이어베이스 인증 기능은 로그인 과정을 담당해. 연동 과정은 아주 간단해. 별로 어렵지 않을 거야.

액션 01 useState 함수 위치 이동하기

우선 useState 함수의 위치를 바꾸고 AppRouter 컴포넌트에 isLoggedIn 프롭스를 추가하자. AppRouter 컴포넌트가 라우터 역할을 하면서도 코드의 가독성까지 챙기려면 상태는 App 컴포넌트에서 관리하는 것이 좋아. App 컴포넌트에 아무것도 없으니까 가볍게 footer 엘리먼트도 하나 추가하자. footer 엘리먼트는 보통 사이트 아래에 있는 요소야. 간단하게 올해 연도를 출력하자.

수정해 보자! ./src/components/App.js

```
import { useState } from "react";
import AppRouter from "./Router";

function App() {
  const [isLoggedIn, setIsLoggedIn] = useState(false);
  return (
    <>
      <AppRouter isLoggedIn={isLoggedIn} />
      <footer>&copy; {new Date().getFullYear()} Nwitter</footer>
    </>
  );
}

export default App;
```

> JSX에 자바스크립트 코드를 삽입할 때는 코드를 중괄호로 감싸 줘야 해.

footer 엘리먼트에 사용한 new Date().getFullYear()는 현재 연도를 반환해 주는 자바스크립트 함수야. 이렇게 하면 footer 엘리먼트에 올해 연도를 출력할 수 있겠지? JSX에서 함수를 사용하려면 중괄호로 감싸야 해. 알고 있지? 결과 화면 확인도 잊지 말고!

▶ 리액트 JSX: ko.reactjs.org/docs/introducing-jsx.html

▶ ©는 JSX에서 copyright 기호를 출력해 줍니다.

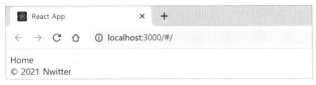

Footer 컴포넌트가 추가된 화면

아까 App 컴포넌트로 상태를 옮겼지? App 컴포넌트에서 isLoggedIn를 AppRouter에 넘기고, AppRouter는 이를 받아 사용하도록 코드를 수정하자.

수정해 보자! ./src/components/Router.js

```
import { useState } from "react";
import { HashRouter as Router, Route, Switch } from "react-router-dom";
import Auth from "../routes/Auth";
import Home from "../routes/Home";
                                        상위 컴포넌트에서 받은 프롭스는 구조 분해 할당으로 사용하면 돼.
const AppRouter = ({ isLoggedIn }) => {
  const [isLoggedIn, setIsLoggedIn] = useState(true);
  return (
    <Router>
(...생략...)
```

▶ 구조 분해 할당: ko.javascript.info/destructuring-assignment

App 컴포넌트에서 isLoggedIn값이 바뀌면 AppRouter 컴포넌트에서 받은 isLoggedIn값이 바뀔 테니 앱은 여전히 똑같이 동작할 거야. 혹시 모르니 리액트 서버를 다시 실행해 오류가 없는지 확인하고 다음으로 넘어 가자. isLoggedIn의 초깃값은 false니까 Auth 컴포넌트가 보이겠지?

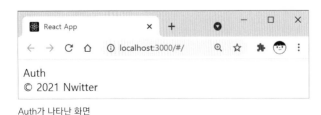

Auth가 나타난 화면

jsconfig.json 파일과 함께 절대 경로 적용하기

다른 파일을 불러올 때 import 문을 사용하지? 그런데 지금은 상대 경로를 사용하고 있어. 그래서 파일 경로를 보면 ../routes/Home과 같이 가독성이 좋지 않아. 깔끔한 경로를 사용하기 위한 방법을 알아보자. 여기서 새로 만들 파일은 jsconfig.json 파일이야. 이 파일은 리액트에 사용할 자바스크립트를 위한 설정 파일이라고 생각하면 돼. 자바스크립트 설정을 우리 입맛에 맞게 바꿀 수 있지. 이 파일을 통해 절대 경로 설정을 할 거야. 루트 폴더에 jsconfig.json 파일을 만들어 다음 내용을 작성하자.

새로 만들어 보자! **./jsconfig.json**

```json
{
  "compilerOptions": {
    "baseUrl": "src"
  },
  "include": ["src"]
}
```

이렇게 작성하면 절대 경로를 사용할 수 있어. 이렇게 해 두면 src 폴더를 기준으로 폴더나 파일 경로를 적을 수 있어서 import 문의 가독성이 좋아져.

▶ 비주얼 스튜디오 코드 jsconfig.json: code.visualstudio.com/docs/languages/jsconfig

컴포넌트의 import 문 수정하기

이제 기존 파일에서 상대 경로가 사용된 곳을 모두 수정하자. index.js 파일의 경우 파이어베이스 확인이 끝났으니 import 문과 콘솔 출력 코드를 삭제할 게.

▶ 앞에서 src 폴더를 기준으로 절대 경로를 지정했지요? src 폴더를 기준 삼아 파일 경로를 작성해 주세요.

▶ import 문을 수정한 다음에는 서버를 다시 시작해야 화면이 제대로 출력됩니다.

수정해 보자! **./src/components/App.js**

```javascript
import { useState } from "react";
import AppRouter from "components/Router";
import AppRouter from "./Router";

function App() {
  const [isLoggedIn, setIsLoggedIn] = useState(false);
  return (
(...생략...)
```

./src/components/Router.js

```
import { HashRouter as Router, Route, Switch } from "react-router-dom";
import Auth from "routes/Auth";
import Home from "routes/Home";
import Auth from "../routes/Auth";
import Home from "../routes/Home";

const AppRouter = ({ isLoggedIn }) => {
  return (
(...생략...)
```

./src/index.js

```
import React from "react";
import ReactDOM from "react-dom";
import App from "components/App";
import App from "./components/App";
import firebase from "./firebase";
console.log(firebase);
(...생략...)
```

액션 04 firebase.js의 파일 이름 바꾸기

절대 경로의 딱 하나 아쉬운 점은 파일 이름과 npm install로 설치한 패키지 이름이 파일 이름과 같으면 오류가 발생한다는 거야. 기억나진 않겠지만 우리가 설치한 패키지 중에 firebase가 있었어. 그래서 firebase.js의 파일 이름을 바꿔야 해. fbase.js로 바꾸자.

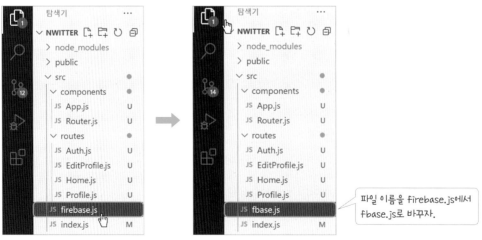

파일 이름을 firebase.js에서
fbase.js로 바꾸자.

firebase.js 파일 이름 수정하기

액션 05 · 파이어베이스 인증 모듈 사용하기

이제 파이어베이스의 인증 모듈을 사용할 거야. 인증 모듈을 사용할 때 몇 가지 알아야 할 내용이 있어. 파이어베이스는 특정 모듈을 사용할 때 모듈을 추가로 불러와야 하는 규칙이 있어. 그래서 인증 모듈을 사용하려면 firebase/auth를 추가로 임포트해야 해. 이 규칙에 대한 자세한 내용이 궁금하다면 준치 조교의 보충 수업을 참조해 줘! 우선 코드를 수정해 보자.

수정해 보자! . ../src/fbase.js

```
import firebase from "firebase/app";
import "firebase/auth";
                        인증 모듈을 쓰려면 불러 와야 해!
const firebaseConfig = {
  apiKey: process.env.REACT_APP_API_KEY,
  authDomain: process.env.REACT_APP_AUTH_DOMAIN,
  databaseURL: process.env.REACT_APP_DATABASE_URL,
  projectId: process.env.REACT_APP_PROJECT_ID,
  storageBucket: process.env.REACT_APP_STORAGE_BUCKET,
  messagingSenderId: process.env.REACT_APP_MESSAGING_SENDER_ID,
  appId: process.env.REACT_APP_APP_ID,
};

firebase.initializeApp(firebaseConfig);
export default firebase.initializeApp(firebaseConfig);

export const authService = firebase.auth();
```

파이어베이스 초기화를 위한 firebase.initializeApp(firebaseConfig)는 다른 파일에서 참조할 필요가 없으니까 fbase.js 파일 안에서 실행하도록 코드를 수정했어. 반면 로그인을 위해 사용할 firebase.auth()는 다른 파일에서 참조할 것이므로 authService에 담아 내보내도록 코드를 작성했어. 이때 인증 모듈 외의 파이어베이스 관련 모듈을 더 내보낼 수도 있으니 여러 모듈을 내보낼 수 있도록 named export를 적용했어.

▶ default export와 named export: ko.javascript.info/import-export

이제 내보낸 authService를 사용할 차례야. 로그인을 했는지 여부를 결정하는 isLoggedIn이 있는 곳에 사용하면 되겠지? 우선 console.log 함수로 authService를 잘 받아오는지 확인해 보자.

수정해 보자! **../src/components/App.js**

```
import { useState } from "react";
import AppRouter from "components/Router";
import { authService } from "fbase";

function App() {
  const [isLoggedIn, setIsLoggedIn] = useState(false);
  console.log(authService.currentUser);
  return (
(...생략...)
```

authService로 내보낸 auth 모듈에는 현재 로그인한 사람을 확인하는 currentUser 함수가 포함되어 있어. 이 함수는 로그인하지 않은 상태라면 null을 반환해. 지금은 로그인한 상태가 아니니까 콘솔에 null이 출력될 거야. 확인해 보자.

콘솔에 null이 출력되는 모습

콘솔에 null이 출력되지? 이제 currentUser에 따라서 로그인 상태를 바꿔줄 수 있을 것 같아. 이 값을 useState의 초깃값으로 정의하자.

수정해 보자! **./src/components/App.js**

```
import { useState } from "react";
import AppRouter from "components/Router";
import { authService } from "fbase";

function App() {
  const [isLoggedIn, setIsLoggedIn] = useState(authService.currentUser);
  console.log(authService.currentUser);
  return (
    <>
```

```
      <AppRouter isLoggedIn={isLoggedIn} />
      <footer>&copy; {new Date().getFullYear()} Nwitter</footer>
    </>
  );
}


export default App;
```

왜 import { authService }와 같이 모듈 단위로 임포트하죠?

파이어베이스와 같은 노드 패키지에는 보통 여러가지 기능이 들어 있어 파일의 크기가 큽니다. 그래서 패키지 전체 내용을 임포트하면 프로그램이 무거워지는 것은 물론, 사용하지 않을 기능까지 부르게 됩니다. 그래서 보통은 패키지를 모듈 단위로 나눠 필요한 모듈만 임포트하여 사용합니다. 만약 패키지 전체를 임포트한다면 크롬 브라우저에서 콘솔 경고로 '패키지를 모듈 단위로 임포트해 사용하라'는 메시지를 보여줍니다.

React.StrictMode가 뭐죠?

CRA로 만든 리액트 프로젝트는 기본으로 index.js 파일에 React.StrictMode를 설정합니다. 이 설정을 지우지 않으면 console.log 함수가 2번 실행되는 현상이 나타납니다. 이는 버그가 아니라 개발 상황에서 의도적으로 console.log 함수를 2번 호출하도록 만든 것입니다. 이를 통해 오류를 더 쉽게 포착할 수 있지요.

04-2 파이어베이스 로그인 설정하기

이제 이메일, 비밀번호 기반 로그인과 구글, 깃허브 소셜 로그인을 누이터에 적용할 거야. 파이어베이스 콘솔에 접속해서 파이어베이스 기본 설정을 진행하자. 어렵지 않으니까 그냥 따라오면 돼.

액션 01 파이어베이스 인증 설정하기

console.firebase.google.com에 접속한 다음 이전에 만들었던 nwitter 파이어베이스 프로젝트를 선택해 이동하자. 여기를 앞으로 파이어베이스 콘솔이라 부를 거야. 이어서 왼쪽에 보이는 〈Authentication〉를 누르자.

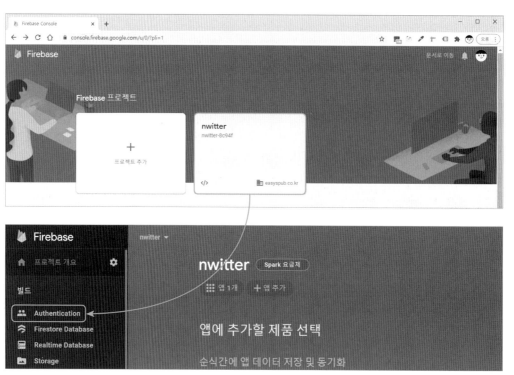

파이어베이스 콘솔에서 〈Authentication〉 누르기

그러면 Authentication 화면으로 이동할 거야. 최초 화면에서 〈시작하기〉를 누른 다음 Users 탭을 눌러. 그런 다음 〈로그인 방법 설정〉을 누르자.

〈시작하기〉 누르기

Users 탭, 〈로그인 방법 설정〉 누르기

로그인 방법 설정을 누르면 Sign-in method 탭으로 넘어갈 거야. 여기에는 다양한 로그인 방법들이 있어. 우리는 앞에서 말했던 것처럼 이메일, 비밀번호, 구글, 깃허브 소셜 로그인을 사용할 거야.

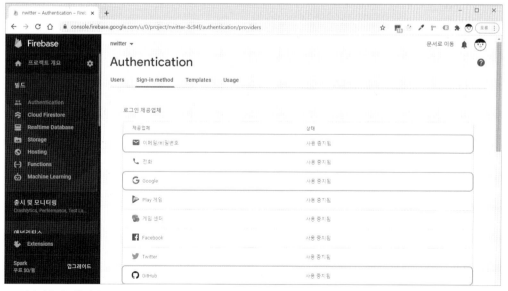
로그인에 사용 가능한 서비스 목록 화면

액션 02 이메일, 비밀번호 로그인 설정하기

우선 일단 이메일, 비밀번호에 마우스 커서를 올리면 나타나는 연필 모양 아이콘이 나타날 거야. 그 상태에서 목록을 눌러 보자. 그러면 옵션을 수정할 수 있어. 옵션에서 '사용 설정'을 체크하자.

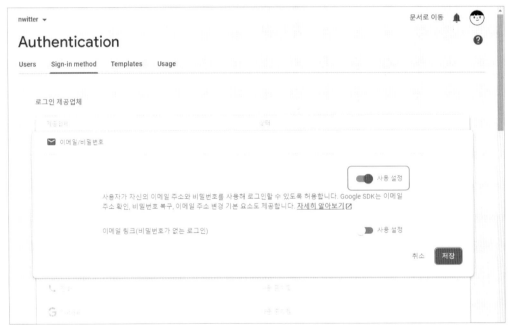

이메일/패스워드 로그인 설정 화면

이메일 링크(비밀번호가 없는 로그인)은 체크하지 않을 거야. 그래야 비밀번호를 사용한 로그인 기능을 누이터에 구현할 수 있거든. 이제 이메일, 비밀번호 방식은 사용할 준비가 됐어.

액션 03 구글 소셜 로그인 설정하기

다음은 구글 소셜 로그인 설정을 해보자. 다음 그림을 참고해서 같은 방법으로 옵션을 설정하자. 프로젝트의 공개용 이름은 그대로 두고 프로젝트 지원 이메일에는 기본값을 설정하면 돼.

구글 소셜 로그인 설정 화면

액션 04 깃허브 소셜 로그인 설정하기

구글 소셜 로그인까지 잘 마쳤지? 여기까지는 특별히 설정할 내용이 없었어. 하지만 깃허브 소셜 로그인은 파이어베이스 뿐 아니라 깃허브에서도 몇 가지를 추가로 설정해야 해. 우선 파이어베이스 설정을 살펴보자. 연필 모양 아이콘을 누르면 클라이언트 아이디와 클라이언트 보안 비밀번호가 입력되지 않은 상태일 거야. 그리고 그 아래에는 '설정을 완료하려면 이 승인 콜백 URL을 GitHub 앱 구성에 추가하세요' 아래에 URL이 있을 거야. 이때 사용할 값이니까 복사해 두고, 〈사용 설정〉을 누른 채로 잠시 이대로 두자.

클라이언트 아이디와 클라이언트 보안 비밀번호는 깃허브 설정을 마쳐야 얻을 수 있는 값인데, 다음 액션을 진행하면 입력할 수 있을 거야.

깃허브 소셜 로그인 설정 화면

이제 깃허브에 접속하자. 여기에서 로그인 관련 설정^{OAuth}을 할 거야. 이 과정을 진행하고 나면 구글 소셜 로그인 외의 다른 소셜 로그인(Facebook, Twitter, …)도 특별한 어려움 없이 적용할 수 있을 거야. 깃허브에 접속해서 오른쪽 위에 있는 사용자 메뉴를 열어 〈Settings〉를 눌러 보자.

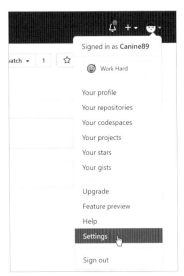

깃허브에서 사용자 메뉴 중 〈Settings〉 누르기

그러면 Settings 화면으로 이동해. 왼쪽에는 많은 메뉴들이 있는데 여기서 〈Developer settings〉 메뉴를 누르자.

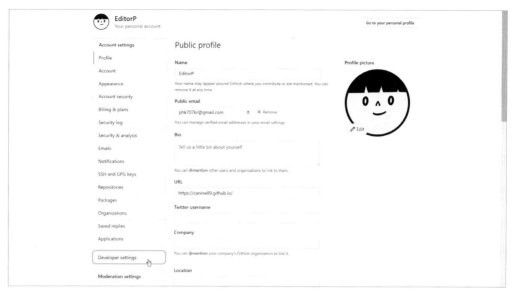

〈Developer settings〉 누르기

이어서 Settings/Developer settings 화면에서 왼쪽에 있는 메뉴 중 〈OAuth apps〉 메뉴를 누르자. 그러면 OAuth 기능을 설정할 수 있어. OAuth를 사용한 적이 없었다면 아래의 화면이 보일 거야. 〈Register a new application〉 버튼을 눌러 설정을 진행하자.

▶ OAuth는 다른 사이트의 계정 정보의 접근 권한만 받아 해당 계정을 이용해 로그인할 수 있게 해주는 기능입니다. 즉, 누이터에서는 구글이나 깃허브 계정으로 가입한 사용자에게는 별도의 아이디나 비밀번호를 가입자에게 요구하지 않아도 됩니다.

▶ OAuth는 아마존, 구글, 페이스북, 마이크로소프트, 트위터, 카카오, 네이버 등 많은 곳에서 제공하고 있습니다.

〈OAuth Apps〉, 〈Register a new application〉 순서대로 누르기

그러면 다음과 같이 소셜 로그인이 필요한 사이트의 정보를 입력해야 해. Application name 은 'Nwitter'를 입력하고, Homepage URL은 아까 Authentication 화면에서 설명하지 않았는데 스크롤바를 내리면 '승인된 도메인'이라는 항목이 있을 거야. **거기에서 'firebaseapp. com'으로 끝나는 도메인을 복사해서 'https://~.firebaseapp.com'와 같이 'https://'를 붙여 입력하면 돼.** Authorization callback URL은 깃허브 설정에 있던 값을 복사해서 사용하면 돼.

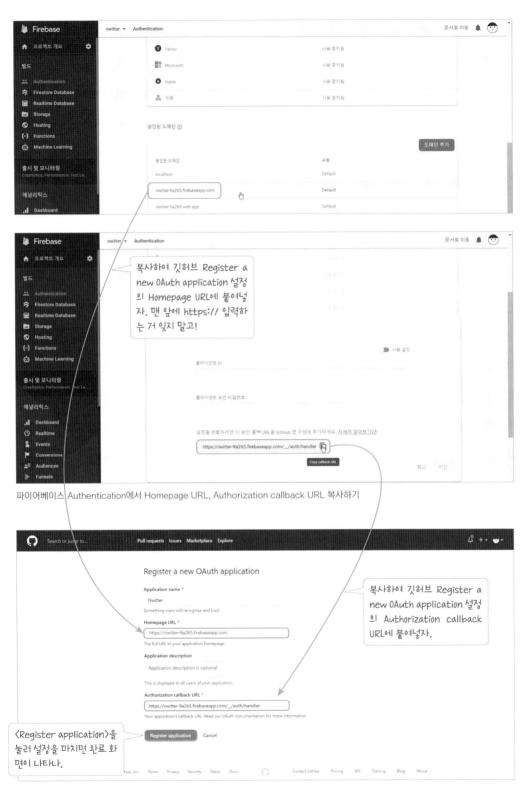

파이어베이스 Authentication에서 Homepage URL, Authorization callback URL 복사하기

깃허브 OAuth 설정 화면

깃허브에서 클라이언트 ID와 클라이언트 보안 비밀번호 복사하여 붙여넣기

액션 05 로그인 폼 기본 구조 만들기

앞에서 3가지 로그인을 설정했어. 로그인 할 수 있는 서버가 준비된 셈이야. 이제 무엇이 필요할까? 로그인을 위한 폼이야. routes 폴더에 Auth.js 파일을 만들었었지? 이 파일에 로그인 폼을 만들 거야!

> **수정해 보자!** ./src/routes/Auth.js

```
const Auth = () => <span>Auth</span>; {
  return (
    <div>
      <form>
        <input type="email" placeholder="Email" required />
        <input type="password" placeholder="Password" required />
        <input type="submit" value="Log In" />
      </form>
      <div>
        <button>Continue with Google</button>
        <button>Continue with Github</button>
      </div>
    </div>
  );
};


export default Auth;
```

▶ type, placeholder, required, value는 모두 input 엘리먼트에 추가할 수 있는 속성으로 input 엘리먼트의 성격을 지정합니다.

▶ 모질라 input 엘리먼트와 속성: developer.mozilla.org/ko/docs/Web/HTML/Element/Input

로그인 폼 화면

코드 작성 후 화면을 확인해 보자. 〈Continue with Google〉과 〈Continue with Github〉이 보이지? 이 버튼이 구글, 깃허브 소셜 로그인을 담당할 거야. 구글, 깃허브 소셜 로그인은 파이어베이스 서버에 로그인 요청만 하면 되므로 서버 호출을 할 수 있게 버튼으로 만들었어. 이메일, 비밀번호 로그인의 경우 이메일과 비밀번호를 입력 받아야 하므로 form 엘리먼트와 input 엘리먼트를 사용했어.

액션
06 **로그인 폼이 상태를 업데이트하도록 만들기**

하지만 이렇게만 해 놓는다면 폼이 실행되지 않을 거야. 리액트에서 input 엘리먼트를 관리하고 form 엘리먼트가 실행되도록 만들려면 어떻게 해야 할까? 아래의 코드처럼 useState 함수로 상태를 만들어 주고 onChange, onSubmit 함수로 이벤트를 연결해 줘야 해.

수정해 보자!   ./src/routes/Auth.js

```javascript
import { useState } from "react";

const Auth = () => {
  const [email, setEmail] = useState("");
  const [password, setPassword] = useState("");

  const onChange = (event) => {
    console.log(event.target.name);
  };

  const onSubmit = (event) => {
    event.preventDefault();
  };

  return (
    <div>
      <form onSubmit={onSubmit}>
        <input
          name="email"
          type="email"
          placeholder="Email"
          required
          value={email}
          onChange={onChange}
        />
        <input
          name="password"
          type="password"
          placeholder="Password"
          required
          value={password}
          onChange={onChange}
```

```
        />
        <input type="submit" value="Log In" />
      </form>
      <div>
        <button>Continue with Google</button>
        <button>Continue with Github</button>
      </div>
    </div>
  );
};


export default Auth;
```

onChange, onSubmit 함수는 리액트 기초를 공부했다면 다 알고 있을 거야. onChange 함수를
보면 event.target.name을 출력하도록 되어 있어. 각각의 input 엘리먼트를 마우스로 눌러
키보드 입력을 시도해 보자. 그러면 로그인 폼 자체에 텍스트가 입력되지는 않고, input 엘리
먼트의 name 속성에 지정한 값이 출력됨을 알 수 있어. 콘솔에서 출력한 내용을 확인해 보자.

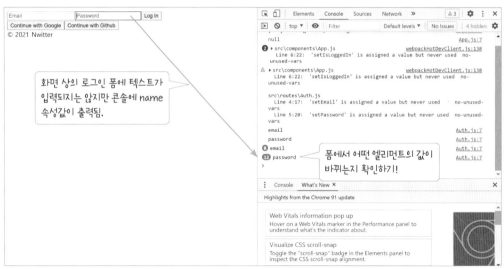

폼에서 키보드를 누른 만큼 콘솔에 출력

이를 통해 onChange 함수에서 event.target.name으로 어떤 input 엘리먼트에서 입력을 시도
하고 있는지 구분할 수 있음을 알 수 있어. 그럼 어떤 input 엘리먼트에서 오는 값인지 구분하
는 방법도 알았으니 이를 통해 상태를 업데이트하도록 코드를 수정해 보자.

▶ input 엘리먼트에서 email 입력과 password 입력을 구분하기 위해 2가지 함수를 만드는 방법보다 event.target.name으로
input 엘리먼트를 구분하는 방법이 더 효율적입니다.

`.src/routes/Auth.js`

```
import { useState } from "react";

const Auth = () => {
  const [email, setEmail] = useState("");
  const [password, setPassword] = useState("");

  const onChange = (event) => {
    console.log(event.target.name);
    const {
      target: { name, value },
    } = event;
    if (name === "email") {
      setEmail(value);
    } else if (name === "password") {
      setPassword(value);
    }
  };
  (...생략...)
```

event.target에서 가져올 수 있는 값에는 여러가지가 있는데 우리한테 필요한 값은 name과 value야. 이를 구조 분해 할당하고 if 문과 else if 문으로 name을 구별해서 각각에 대한 입력값을 setEmail 함수와 setPassword 함수로 상태를 업데이트하도록 만든 거지. 아직은 화면에서 input 엘리먼트에 값이 입력되지 않는 것처럼 보일 텐데 걱정하지마. 곧 onChange 함수를 완성하면 input 입력이 화면에도 반영될 거야. 좀 더 진행해 보자!

준지의 보충 수업!

submit 이벤트는 새로고침을 하는 문제가 있죠. 그래서...

form 엘리먼트는 input 엘리먼트 안에 내용을 모두 작성하고 Enter 나 〈전송〉을 누르면 시 submit 이벤트가 발생하며 페이지를 새로고침합니다. 이 때문에 리액트 상태가 초기화되는 현상이 발생합니다. 이 현상을 막기 위해 onSubmit 함수에서 이벤트의 기본값을 막는 event.preventDefault()를 사용했습니다. 이렇게 하면 submit 이벤트가 발생했을 때 onSubmit 함수에서 submit 이벤트를 가로채고 이벤트의 기본값을 event.preventDefault()가 막아 새로고침이 발생하지 않습니다.

04-3 이메일, 비밀번호 인증 기능 사용해 보기

04-2절에서 로그인 폼을 만들고 input 엘리먼트에서 입력된 값으로 상태를 업데이트했지? 이쯤이면 '회원가입 기능도 없는데 어떻게 로그인을 하는 거지?'라는 의문이 생길 거야. 회원 가입 기능을 구현할 차례가 된 거지! 여기서는 파이어베이스로 회원가입을 처리할 거야. 파이어베이스는 이메일, 비밀번호로 회원가입, 인증을 처리하는 함수를 제공하고 사용 방법도 아주 간단해. 이메일, 비밀번호 입력 폼은 아까 Auth.js에 만들었어. 이 폼을 그대로 복사하여 사용하면 회원가입 화면은 구현할 수 있겠네.

액션 01 onSubmit 함수에서 로그인과 회원가입 분기시키기

그러면 로그인, 회원가입을 위한 onSubmit 함수는 몇 개 필요할까? 아마 로그인에 1개, 회원가입에 1개라고 생각해서 총 2개라고 대답할 거야. 하지만 상태를 잘 활용하면 onSubmit 함수를 2개나 만들 필요가 없어. 다음과 같이 Auth.js 파일을 수정해 보자.

수정해 보자! .src/routes/Auth.js

```
import { useState } from "react";

const Auth = () => {
  const [email, setEmail] = useState("");
  const [password, setPassword] = useState("");
  const [newAccount, setNewAccount] = useState(true);

  const onChange = (event) => {
    const {
      target: { name, value },
    } = event;
    if (name === "email") {
      setEmail(value);
    } else if (name === "password") {
      setPassword(value);
    }
  };
```

```
  const onSubmit = (event) => {
    event.preventDefault();
    if (newAccount) {
      // create newAccount
    } else {
      // log in
    }
  };

  return (
    <div>
      <form onSubmit={onSubmit}>
        <input
          name="email"
          type="text"
          placeholder="Email"
          required
          value={email}
          onChange={onChange}
        />
        <input
          name="password"
          type="password"
          placeholder="Password"
          required
          value={password}
          onChange={onChange}
        />
        <input type="submit" value={newAccount ? "Create Account" : "Log In"} />
      </form>
      <div>
        <button>Continue with Google</button>
        <button>Continue with Github</button>
      </div>
    </div>
  );
};

export default Auth;
```

newAccount를 useState 함수로 정의했어. newAccount의 true, false에 따라 onSubmit 함수에서 회원가입과 로그인할 수 있도록 코드를 분기한 거지. 이렇게 하면 깔끔하게 회원가입과 로그인 기능을 만들 수 있어. 개발자 취향 차이긴 하지만 나는 이런 방식으로 작업하는 것을 선호해. 또 버튼 역할을 할 input 엘리먼트의 문구도 newAccount에 따라 다르게 적용했어.

▶ 간단히 정리하자면 newAccount의 true, false에 따라 회원가입 또는 로그인 기능을 할 수 있도록 코드를 작성한 것입니다.

액션 02 파이어베이스로 로그인과 회원가입 처리하기

이제 파이어베이스를 적용할 거야. 파이어베이스에서 제공하는 인증 기능 중 EmailAuth Provider에 속한 createUserWithEmailAndPassword 함수와 signInWithEmailAndPassword 함수를 사용할 거야. 함수의 이름을 보면 이메일, 비밀번호를 통한 회원가입과 로그인을 처리해 주는 것 같네. createUserWithEmailAndPassword 함수는 인자로 전달받은 이메일, 비밀번호를 파이어베이스의 데이터베이스에 저장하고, signInWithEmailAndPassword 함수는 인자로 전달받은 이메일, 비밀번호를 파이어베이스 데이터베이스에 전달하여 확인 후 로그인할 수 있게 해줘. 이제 코드를 작성해 보자. 계속해서 Auth.js 파일을 수정하면 돼.

수정해 보자! `.src/routes/Auth.js`

```javascript
import { authService } from "fbase";
import { useState } from "react";

(...생략...)

  const onSubmit = async (event) => {
    event.preventDefault();
    try {
      let data;
      if (newAccount) {
        // create newAccount
        data = await authService.createUserWithEmailAndPassword(email, password);
      } else {
        // log in
        data = await authService.signInWithEmailAndPassword(email, password);
      }
      console.log(data);
    } catch (error) {
      console.log(error);
    }
```

```
  };
 return (
 (...생략...)
```

각 함수를 사용하는 방법은 이전에 만들었던 fbase.js 파일에서 정의한 authService에 이 함수들이 포함되어 있으므로 authService.createUserWithEmailAndPassword(...)와 같이 사용하면 돼. 그리고 onSubmit 함수에 추가된 async 문과 await 문이 보일 거야. authService에 들어 있는 함수들은 서버로 값을 요청해서 결괏값을 수신 받기까지 시간이 걸려. 쉽게 말해 로그인 또는 회원가입 인증이 처리된 이후에 누이터가 실행되어야 하므로 기다렸다 실행하라는 뜻의 async, await 문을 사용한 거야.

또한 try-catch 문으로 로그인 또는 회원가입의 성공 또는 실패를 처리하도록 만들었어. 성공 시에는 try 문에 있는 console.log(data)로 로그인 또는 회원가입 완료 시 data에 어떤 값들이 들어 있는지 출력하고, 실패 시에는 catch 문에 있는 console.log(error)로 자바스크립트가 자동으로 보내준 오룻값을 출력할 거야. 누이터를 실행하여 회원가입 양식에 이메일 주소와 비밀번호를 입력하고 〈Create Account〉을 눌러 회원가입 기능이 잘 동작하는지 확인해 보자.

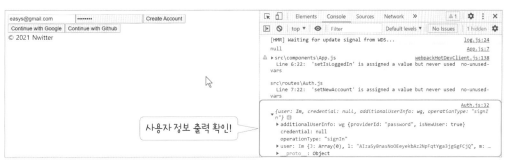

회원가입 성공 화면

newAccount는 true이므로 createUserWithEmailAndPassword 함수가 실행되고, 이 함수는 폼에 입력한 이메일, 비밀번호로 파이어베이스에서 회원가입 작업을 진행시킬 거고 약 1~2초가 지나면 콘솔에 파이어베이스에서 회원가입 진행을 마친 뒤 보내준 데이터를 확인할 수 있어. user 항목을 보면 사용자 정보가 출력되어 있지? 만약 같은 정보로 회원가입을 하려고 하면 콘솔에 '파이어베이스 데이터베이스에 이미 있는 데이터(The email address is already in use by another account)'라는 메시지를 보여줄 거야. 파이어베이스가 중복 처리까지 해주는 거지!

같은 아이디와 비밀번호로 회원가입을 시도하면 나오는 화면

하지만 콘솔 정보로는 회원가입 성공이 크게 와 닿지 않을 거야. 파이어베이스의 Authentication 화면으로 이동하여 회원가입 정보를 살펴보자. 나의 경우 회원가입을 2번 시도해서 2개의 데이터가 추가되어 있어. 어때 멋지지?

파이어베이스 Authentication 화면에 등록된 회원 정보

이렇게 해서 별도의 데이터베이스 작업을 하지 않고 파이어베이스만으로 회원가입 기능을 뚝딱 만들었어. 실제로 이 기능을 직접 구현하려면 굉장히 많은 시간이 필요해. 아마 해본 사람이라면 알 거야.

로그인을 지속시켜주는 setPersistence 알아보기

파이어베이스는 회원가입이 완료되면 로그인까지 처리해 줘. 그런데 로그인한 상태는 어떻게 관리할 수 있을까? 파이어베이스는 로그인 상태 지속을 3가지로 나눠 관리하는데 그게 바로 setPersistence야. setPersistence는 local, session, none 옵션을 가지고 있어. 이 옵션에 대해 하나씩 설명해 줄게.

- **local: 웹 브라우저를 종료해도 로그인 유지**
  local 옵션은 웹 브라우저를 종료해도 로그인한 사용자의 정보를 기억할 수 있게 해주는 옵션이야. 쉽게 말해 웹 브라우저를 종료해도 로그인을 유지시켜줘.

- **session: 웹 브라우저의 탭을 종료하면 로그아웃**
  session 옵션은 웹 브라우저의 탭을 종료하면 로그아웃시켜줘.

- **none: 새로고침하면 로그아웃**
  none 옵션은 사용자 정보를 기억하지 않아. 그래서 새로고침하면 로그인이 풀려.

위 옵션은 상황에 맞게 사용하면 돼. 우리는 local 옵션을 사용할 거고, 이 옵션은 따로 설정하지 않아도 돼. 기본값이거든.

액션 03 사용자 정보가 저장되어 있는 곳 살펴보기

그러면 local 옵션으로 저장한 사용자 로그인 정보는 실제로 어디에 있을까? 브라우저 내에 있는 'IndexedDB'라는 데이터베이스에 사용자 정보를 저장해. 한 번 확인해 볼까? 다음 그림을 참고해서 개발자 도구의 Application 탭에서 [Storage 〉 IndexedDB 〉 firebaseLocalStorageDB... 〉 firebaseLocalStorage]로 들어가 보자.

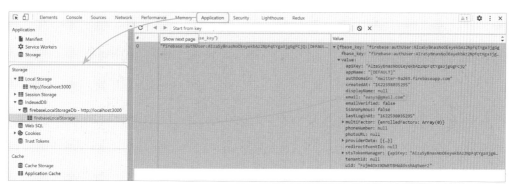

value 항목에 있는 email 정보 확인

오른쪽의 value 항목을 펼치면 사용자 정보를 확인할 수 있어. value.email에 회원가입 시 입력한 이메일이 들어 있을 거야.

자! 지금까지의 실습 과정을 요약해서 설명해 줄게. 파이어베이스로 회원가입을 성공했고, 회원가입에 성공한 순간 브라우저의 내장 데이터베이스인 IndexedDB에 사용자 정보를 저장한다는 것을 알았어. 이를 이용하면 로그인을 유지시킬 수 있다는 것도 알았고. 정리됐지?

준지의 보충 수업!

갑자기 IndexedDB는 왜...!?

앞에서 니꼬샘이 언급했듯 IndexedDB는 웹 브라우저에 내장된 데이터베이스입니다. 이 데이터베이스는 JSON 구조로 데이터를 저장하여 자바스크립트로 다루기도 좋습니다. 아 참, 앞에서 IndexedDB에 저장하기 위한 코드를 작성하지 않았죠? 그런데도 데이터가 잘 저장됐네요. 왜 그럴까요? 이것도 모두 파이어베이스가 처리했기 때문입니다. 정말 편리하지요?

04-4 로그인, 로그아웃하기

회원가입 후 파이어베이스에 즉시 로그인한 다음 브라우저의 IndexedDB에 사용자 데이터를 저장한 것을 확인했어. 이걸 누이터에 어떻게 반영할 수 있을까?

로그인 처리 후 currentUser가 null인 이유 알아보기

누이터에 로그인 처리가 반영되었다면 currentUser값이 null이 아닌 다른 값이어야 해. 그런데 지금은 null이네. 왜 그럴까?

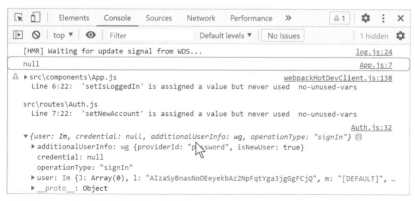

7번 줄의 console.log의 출력이 여전히 null인 모습

이건 비동기 처리 과정을 이해해야 돼. 그래야 currentUser가 null인 이유를 알 수 있어. 잠시 비동기 처리 과정을 알아 보자.

파이어베이스와 누이터 사이의 비동기 처리 쉽게 이해하기

파이어베이스와 누이터는 지금 연결되어 있어. 그렇지? 그런데 여러분의 컴퓨터에서 실행되는 누이터와 세계 어딘가에 위치한 파이어베이스 서버 사이의 거리는 엄청 멀거야.

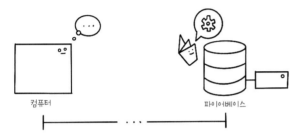

컴퓨터가 파이어베이스의 작업을 기다리고 있는 모습

이 때문에 파이어베이스에서 로그인 처리를 마치고 누이터에서 그 신호를 받기까지는 시간 간격이 생겨. 그 사이에 누이터가 currentUser값을 확인한다면? null일 거야.

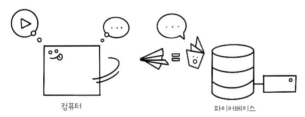

로그인 처리를 마쳤지만 기다리지 않고 currentUser값을 확인하는 컴퓨터!

다시 말해 파이어베이스에서 회원가입, 로그인 처리를 마친 후 누이터에 데이터를 보내주면 누이터는 그 데이터를 받아 이후 화면을 그려줘야 하는데, 지금 우리의 코드는 이 데이터를 기다리고 있지 않아. 그러니 currentUser가 null인 거지. 이를 해결하는 방법이 당연히 있겠지? 리액트의 생명주기를 이용하면 돼! 우선은 정말로 위와 같은 시간 간격이 누이터에 어떤 영향을 주는지 확인해 보자.

▶ 리액트 useEffect: ko.reactjs.org/docs/hooks-effect.html

액션 01 딜레이 눈으로 확인해 보기

시간 간격하면 생각 나는 자바스크립트 함수가 있지? 바로 `setInterval` 함수야. `setInterval` 함수는 지정한 2번째 인자로 지정한 시간 간격마다 1번째 인자로 전달한 코드를 실행해. 이 함수를 이용해서 `authService.currentUser`를 2초마다 실행해서 회원가입 후 로그인 처리 완료까지 얼마나 시간이 걸리는지 살펴볼 거야. 코드를 수정해 보자!

▶ setInterval 함수의 시간 단위는 밀리초입니다. 그래서 2초 간격을 위해 2000이라 입력한 것이지요.

▶ setInterval 함수: ko.javascript.info/settimeout-setinterval

수정해 보자! `.src/components/App.js`

```javascript
import { useState } from "react";
import AppRouter from "components/Router";
import { authService } from "fbase";

function App() {
  const [isLoggedIn, setIsLoggedIn] = useState(authService.currentUser);
  setInterval(() => console.log(authService.currentUser), 2000);

  return (
    <>
      <AppRouter isLoggedIn={isLoggedIn} />
      <footer>&copy; {new Date().getFullYear()} Nwitter</footer>
    </>
  );
}

export default App;
```

setInterval 함수를 적용했으니 코드 실행 후 2초마다 `authService.currentUser`의 값을 출력할 거야. 누이터를 실행해서 결과를 확인해 볼까? 회원가입은 아까 마쳤으니 이미 로그인되어 있을 거야. 콘솔을 확인해 보면 다음과 같을 거야.

▶ 만약 콘솔에 변화가 없으면 새로운 아이디와 비밀번호로 회원가입하여 결과를 살펴보세요.

setInterval을 적용한 currentUser 콘솔화면

null에서 Im이라는 객체로 값이 바뀌고 있지? 아까 설명한 것처럼 리액트에서 파이어베이스가 전달해 준 값을 기다리지 않은 채로 currentUser 변수를 참조한 것이 문제가 맞는 거 같네. 아무튼 currentUser값은 잘 변경되는 것 같아. 그런데 currentUser가 변경되는 시점을 어떻게 잡아낼 수 있을까? currentUser가 변경되는 시점을 알아야 회원가입, 로그인을 마친 뒤에 화면 전환을 할 수 있을 거야. 바로 useEffect 함수를 도입할 때가 된 거지.

<table>
<tr><td>액션
02</td><td>useEffect 함수 사용하기</td></tr>
</table>

useEffect 함수는 특정한 시점에 실행되는 함수야. 우리가 원하는 특정 시점은 **파이어베이스 로그인 정보를 받게 되었을 때, 즉, 파이어베이스가 초기화되는 시점**이야. 이 시점을 useEffect 함수로 잡아낸 다음 이때 로그인 완료 이후 보여줄 화면을 렌더링하면 되는 거지. 파이어베이스는 이를 위한 함수도 미리 준비해 뒀어. authService에 포함된 함수 중 onAuthStateChanged라는 친구지. 이름을 보면 인증 관련 상태가 바뀌는 것을 감지하는 함수인 것 같네. 이 함수와 useEffect 함수로 인증 상태를 감지하도록 수정해 보자!

▶ setInterval(...) 함수를 지우고 코드를 수정한 다음에는 웹 브라우저를 새로고침해서 user의 반복 출력을 중지하고 실습을 진행하세요.

수정해 보자! .src/components/App.js

```
import { useEffect, useState } from "react";
import AppRouter from "components/Router";
import { authService } from "fbase";

function App() {
  const [isLoggedIn, setIsLoggedIn] = useState(authService.currentUser);
  useEffect(() => {
    authService.onAuthStateChanged((user) => console.log(user));
  }, []);

  setInterval(() => console.log(authService.currentUser), 2000);
  return (
    <>
      <AppRouter isLoggedIn={isLoggedIn} />
      <footer>&copy; {new Date().getFullYear()} Nwitter</footer>
    </>
  );
}
```

useEffect 함수를 사용한 코드를 살펴보면 2번째 인자를 []으로 지정했는데 이렇게 지정해
야만 컴포넌트가 최초로 렌더링이 완료되었을 때, 1회만 동작해. 제대로 실습하기 위해서
[IndexedDB 〉... 〉firebaseLocalStorage]를 마우스 오른쪽 클릭한 다음 〈clear〉를 눌러 초
기화하고 다시 회원가입을 진행해 보자. 아 참고로 IndexedDB의 회원 정보 내용을 삭제해
도 파이어베이스에는 회원 정보가 남아 있을테니까 새로운 값을 입력해서 회원가입을 진행
하도록 해.

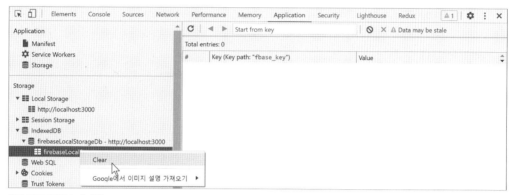

내장 데이터베이스 초기화

IndexedDB 초기화 후 회원가입, 로그인이 진행되어 null이 lm으로 바뀐 화면

useEffect 함수에 의해 컴포넌트가 렌더링된 이후 인증 상태가 출력되네. 이걸 설계에 활용
해 보자. useEffect 함수에서 user를 체크한 다음 setIsLoggedIn 함수로 isLoggedIn을 변경
하고 setInit 함수로 init을 변경하면 돼. 이후에는 user 여부에 따라 라우터가 보여줄 화면
을 다르게 하면 되는 거야.

```
import { useEffect, useState } from "react";
import AppRouter from "components/Router";
import { authService } from "fbase";

function App() {
  const [init, setInit] = useState(false);
  const [isLoggedIn, setIsLoggedIn] = useState(authService.currentUserfalse);

  useEffect(() => {
    authService.onAuthStateChanged((user) => console.log(user){
      if (user) {
        setIsLoggedIn(user);
      } else {
        setIsLoggedIn(false);
      }
      setInit(true);
    });
  }, []);

  return (
    <>
      {init ? <AppRouter isLoggedIn={isLoggedIn} /> : "initializing..."}
      <footer>&copy; {new Date().getFullYear()} Nwitter</footer>
    </>
  );
}

export default App;
```

여기서 로그인 상태 isLoggedIn을 변경하고

여기서 init 상태를 변경하는 거야.

여기서는 삼항 연산자로 init 상태를 검사하도록 했어.

authService.currentUser 함수는 처음에 null을 반환하므로 isLoggedIn은 null로 시작할 가능성이 높아. 불확실성을 제거하기 위해 isLoggedIn의 초깃값을 false로 하고, user에 값이 있는 경우에만 isLoggedIn을 user로 설정하도록 했어. 이렇게 해야 isLoggedIn를 AppRouter 컴포넌트 프롭스에 제대로 보낼 수 있어.

▶ 프롭스는 컴포넌트를 통해 넘기는 인자입니다.

▶ 리액트 프롭스: ko.reactjs.org/docs/components-and-props.html

다시 실행해 보면 화면에 'initializing...'이라는 문구가 떠 있다가 useEffect 함수가 실행되면서 로그인 인증 상태를 확인할 거야. 로그인이 제대로 된다면 isLoggedIn이 바뀌면서 'Home'이라는 문구가 출력될 거고. 생각보다 어렵진 않지? 로그인 성공을 축하해!

로그인이 이뤄지는 과정

액션
03 로그아웃은 어떻게?

로그인에 성공했으니 로그아웃은 어떻게 해야 할까? IndexedDB를 clear하면 돼. 아직은 수동이야.

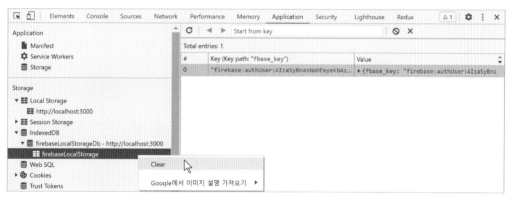

로그아웃 처리는 IndexedDB clear로

IndexedDB clear 이후 화면

IndexedDB를 clear하면 자동으로 회원가입 창으로 돌아오네. 그래… 로그아웃 기능이 좀 이상하지? 로그아웃 기능은 소셜 로그인 기능을 추가한 다음 제대로 구현할 테니까 너무 걱정하지 마.

그전에 누이터에 에러 메시지를 적용해 보자. 에러 메시지를 적용하려면 어떻게 해야 할까? 에러 코드, 메시지를 직접 준비해야 하고, 각 상황을 어떤 코드로 분기할 지, 분기한 곳에서 어떤 메시지를 보여줄 것인지 일일이 개발해야 해. 하지만 파이어베이스가 있다면 이런 작업을 하지 않아도 돼. 파이어베이스에 이미 다 준비되어 있거든.

액션 04 에러와 에러 메시지를 파이어베이스로 처리하기

Auth.js 파일을 열어서 에러를 관리하기 위한 상태를 하나 더 만들어 보자.

> **수정해 보자!** `.src/components/Auth.js`

```
(...생략...)
const Auth = () => {
  const [email, setEmail] = useState("");
  const [password, setPassword] = useState("");
  const [newAccount, setNewAccount] = useState(true);
  const [error, setError] = useState("");
(...생략...)
```

이제 에러가 발생할 지점에 **setError** 함수를 사용하면 되는데 **error**에 어떤 메시지를 담아야할지 정해야 해. 이게 무슨 말일까? 파이어베이스가 주는 에러 관련 정보를 보면 쉽게 이해할수 있어.

액션 05 일부러 중복 회원가입 에러 발생시켜 보기

Auth.js 파일의 **onSubmit** 함수에는 **try-catch** 문으로 에러를 콘솔에 출력하는 코드가 들어 있어. 중복 회원가입을 해서 에러를 발생시켜 보자!

중복 회원가입으로 에러 발생시키기

지금은 그냥 **error**를 출력하고 있어서 우리가 원하는 메시지가 나오지 않아. **error**는 파이어베이스가 에러와 관련된 여러 내용을 자세히 적혀 있는 객체야.

액션 06 error.message 화면에 출력하기

실제로 우리가 원하는 것, 에러 메시지는 **error.message**에 들어 있어. 이걸 화면에 출력해야 해. 에러가 발생하면 **setError** 함수에 **error.message**를 전달해서 **error** 상태를 변화시키자. 그럼 에러가 발생할 때 화면에 **error.message**가 출력될 거야.

`.src/components/Auth.js`

```
(...생략...)
const onSubmit = async (event) => {
    event.preventDefault();
    try {
      let data;
      if (newAccount) {
        // create newAccount
        data = await authService.createUserWithEmailAndPassword(email, password);
      } else {
        // log in
        data = await authService.signInWithEmailAndPassword(email, password);
      }
      console.log(data);
    } catch (error) {
      console.log(error);
      setError(error.message);
    }
  };
(...생략...)
        <input type="submit" value={newAccount ? "Create Account" : "Log In"} />
        {error}
      </form>
(...생략...)
```

화면에 나타난 에러 메시지

이렇게 수정하고 다시 에러를 내볼까? 짠! 에러 메시지가 버튼 아래 또는 옆에 출력될 거야. 이렇게 하면 사용자가 에러 상황을 화면에서 바로 알 수 있겠지? 회원가입과 로그인, 에러 메시지 작업이 끝났어! 다음으로 넘어가자!

액션 07 조금 더 섬세하게! 로그인, 회원가입 토글 버튼 적용하기

로그인, 회원가입 토글 버튼을 적용하자. 토글 버튼이란 2가지 내용이 번갈아 바뀌는 버튼을 말해. 로그인 여부에 따라 로그인, 회원가입이 전환되도록 버튼을 만들 거란 뜻이야. 이렇게 하면 로그인, 회원가입에 맞춰 화면을 준비할 필요가 없지. 버튼의 이름만 바꾸면 되니까. 다음과 같이 코드를 수정해 보자.

수정해 보자! .src/components/Auth.js

```
(...생략...)
  const toggleAccount = () => setNewAccount((prev) => !prev);

  return (
    <div>
      <form onSubmit={onSubmit}>
(...생략...)
        <input type="submit" value={newAccount ? "Create Account" : "Log In"} />
        {error}
      </form>
      <span onClick={toggleAccount}>
        {newAccount ? "Sign In" : "Create Account"}
      </span>
(...생략...)
```

모든 UseState 함수들은 바로 이전 상태를 참조할 수 있어. 예를 들어 지금의 경우 setNewAccount((prev) => !prev)와 같이 작성했지? setNewAccount 함수에 (prev) => !prev와 같이 함수를 전달한 거야. 이렇게 UseState 함수에 **함수를 인자로 전달하면 인자로 전달한 함수의 1번째 인자(prev)에 이전의 상태가 넘어와.** 이를 이용하면 토글 버튼을 만들 수 있지. 결과 화면에서 span 엘리먼트를 눌러 봐. 화면에 보이는 문구가 'Sign In'에서 'Create Account'로 왔다갔다할 거야. 그리고 그에 맞게 버튼도 〈Create Account〉와 〈Log In〉로 왔다갔다할 거야.

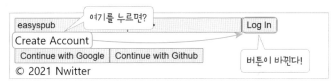

span 엘리먼트를 누를 때마다 span 엘리먼트와 버튼 value가 바뀌는 모습

마지막으로 로그인까지 잘 되는지 확인해 봐. span 엘리먼트를 눌러 버튼을 〈Log In〉으로 토글시킨 다음 회원가입에 성공했던 아이디와 비밀번호로 시도하면 다음과 같이 잘 될 거야.

▶ 로그아웃하는 방법은 앞에서 설명했습니다. 로그인 기능 확인 전에 로그아웃을 꼭 해주세요!

```
Home
© 2021 Nwitter
```

로그인에 성공한 화면

04-5 누이터에 소셜 로그인 추가하기

이번엔 소셜 로그인을 적용할 차례야! 소셜 로그인도 직접 만들면 많은 작업들을 직접 해야해. 하지만 파이어베이스는? 소셜 로그인도 다 준비되어 있어. `signInWithPopup`이라는 함수를 사용하면 된다구! 자 그럼 쉽고 빠르게 소셜 로그인을 만들어 보자!

액션 01 소셜 로그인 버튼에서 name 속성 사용하기

구글, 깃허브로 소셜 로그인을 처리할 텐데, 이것도 하나의 함수로 해결해 보자. 구글과 깃허브 소셜 로그인을 구별하려면 어떻게 해야 하지? `event.target.name` 속성을 사용하면 돼. 이벤트에는 `name` 속성이 있으니까 이를 이용해서 소셜 로그인을 분기하면 돼. Auth.js 파일을 다음과 같이 수정하자!

수정해 보자! `.src/components/Auth.js`

```
(...생략...)

  const toggleAccount = () => setNewAccount((prev) => !prev);

  const onSocialClick = (event) => {
    console.log(event.target.name);
  };

  return (
(...생략...)
      <span onClick={toggleAccount}>{newAccount ? "Sign In" : "Create Account"}</span>
      <div>
        <button onClick={onSocialClick} name="google">
          Continue with Google
        </button>
        <button onClick={onSocialClick} name="github">
          Continue with Github
        </button>
      </div>
(...생략...)
```

이 방법은 회원가입, 로그인을 처리할 때 사용했던 것이라 어렵진 않을 거야. onSocialClick 함수에서 소셜 로그인 버튼을 누를 때마다 발생하는 이벤트의 name 속성값을 확인해 보자. 아참, 로그아웃을 하지 않으면 소셜 로그인 버튼이 나타나지 않으니까 로그아웃 잊지 말고!

▶ Application 탭에서 IndexedDB를 clear해야 로그아웃됩니다.

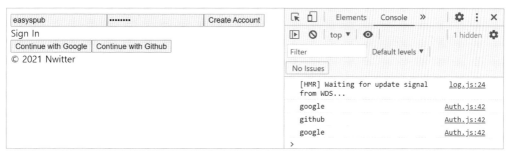

소셜 로그인 버튼마다 출력되는 name 속성값

액션 02 소셜 로그인을 위해 firebaseInstance 추가하기

다음으로 넘어가기 전에 fbase.js 파일을 수정하자. 지금은 authService만 익스포트하고 있는데, 여기에는 소셜 로그인에 필요한 provider가 없어. provider는 firebase에 들어 있으니 firebase 전체를 익스포트해야 해. 여기서는 firebaseInstance라는 이름으로 익스포트했어. firebaseInstance 추가 후에는 반드시 리액트 서버를 다시 시작해야 적용되니까 리액트 서버 재시작도 잊지 말자.

수정해 보자! .src/fbase.js

```
(...생략...)
firebase.initializeApp(firebaseConfig);

export const firebaseInstance = firebase;
export const authService = firebase.auth();
```

액션 03 provider 적용하기

provider를 적용해 보자. 각 소셜 로그인 버튼에는 onClick 프롭스에 onSocialClick 함수를 지정해서 소셜 로그인 버튼이 구글이면 구글 소셜 로그인 함수를, 깃허브면 깃허브 소셜 로그인 함수를 실행하도록 만들었어. firebaseInstance 임포트도 잊지마.

수정해 보자! `.src/components/Auth.js`

```
import { authService, firebaseInstance } from "fbase";
(...생략...)
  const onSocialClick = (event) => {
    console.log(event.target.name);
    const {
      target: { name },
    } = event;
    let provider;
    if (name === "google") {
      provider = new firebaseInstance.auth.GoogleAuthProvider();
    } else if (name === "github") {
      provider = new firebaseInstance.auth.GithubAuthProvider();
    }
  };
(...생략...)
```

provider에 대입한 것은 '소셜 로그인 서비스 제공 업체' 정도로 생각할 수 있어. 구글이면 `GoogleAuthProvider()`가 소셜 로그인 서비스를 제공하고, 깃허브면 `GithubAuthProvider()`가 소셜 로그인 서비스를 제공하는 거지. 바로 다음 **액션 04**에서 소셜 로그인을 처리할 signWithPopup 함수에 필요한 값들이 다 provider에 들어 있어. 소셜 로그인 업체 이름(구글, 깃허브, ...), 현재 사용자 정보, 소셜 로그인 요청 주소 등과 같은 것 말야. 이것도 원래는 직접 다 구현해야 하는데 파이어베이스의 **provider** 덕분에 코드 몇 줄로 구현을 끝냈어.

액션 04 소셜 로그인 완성

signWithPopup 함수를 사용해서 소셜 로그인을 완성하자!

수정해 보자! `.src/components/Auth.js`

```
(...생략...)
  const onSocialClick = async (event) => {
    const {
      target: { name },
    } = event;
    let provider;
    if (name === "google") {
      provider = new firebaseInstance.auth.GoogleAuthProvider();
```

```
    } else if (name === "github") {
      provider = new firebaseInstance.auth.GithubAuthProvider();
    }
    const data = await authService.signInWithPopup(provider);
    console.log(data);
  };
(...생략...)
```

실제로 소셜 로그인을 진행하는 `signInWithPopup` 함수는 비동기 작업이라서 `async-await` 문을 사용해야 해. `provider`를 `signInWithPopup` 함수 인자로 넘겨 소셜 로그인을 시도하는 거지! 한 번 실행해 볼까? 나의 경우 구글 소셜 로그인을 사용해 봤어. 깃허브 소셜 로그인도 비슷하게 진행할 수 있으니 하나씩 실습해 봐.

구글 소셜 로그인을 시도한 경우

복잡한 코드를 작성한 것도 아닌데 소셜 로그인 기능이 생겼어. 콘솔에서 로그인이 성공하면 어떤 데이터가 넘어오는지도 확인해 봐.

구글 소셜 로그인 성공 후 넘어온 데이터

소셜 로그인 성공 후 화면은 'Home'으로 바뀔 거야. Auth.js에서 출력한 **data**는 콘솔에서 Object라고 출력되었네. 경우에 따라 바로 데이터가 보일 수도 있어. 아무튼 이 데이터를 펼쳐서 살펴보면 여러 정보가 들어 있을 거야. additionalUserInfo 항목을 보면 provider가 "google.com"이네. user 항목을 펼쳐서 살펴보면 사용자 정보도 들어 있어.

user 항목에 들어 있는 사용자 정보

만약 회원가입 테스트를 위해 입력했던 이메일로 소셜 로그인을 계속 테스트하고 싶다면 파이어베이스에서 계정 정보들을 삭제하면 돼!

파이어베이스에서 계정 삭제하기

04-6 내비게이션 추가하고 로그아웃 처리하기

회원가입과 로그인을 완성했으니 다음은 뭘 해야 할까? 사이트를 이리저리 옮겨 다닐 수 있도록 내비게이션을 추가해야 해. 내비게이션은 프로필, 메인 화면으로 구성할 거야. 만약 로그인 상태라면 〈로그아웃〉 버튼도 내비게이션에 보여야겠지? 내비게이션 컴포넌트를 만들어 보자!

액션 01 내비게이션 컴포넌트 만들고 라우터에 추가하기

내비게이션 컴포넌트는 라우터가 제어할 거야. 하지만 대부분의 페이지에서 보여야 하는 녀석이라서 굳이 routes 폴더에 만들 필요는 없을 거 같아. components 폴더에 Navigation.js 파일을 생성하자.

`작성해 보자!` **./src/components/Navigation.js**

```
const Navigation = () => {
  return <nav>This is Navigation!</nav>;
};


export default Navigation;
```

이어서 내비게이션 컴포넌트를 만들고 라우터와 연결해 보자. Router.js 파일을 열어서 다음과 같이 수정해 보자.

`수정해 보자!` **./src/components/Router.js**

```
import { HashRouter as Router, Route, Switch } from "react-router-dom";
import Auth from "routes/Auth";
import Home from "routes/Home";
import Navigation from "./Navigation";

const AppRouter = ({ isLoggedIn }) => {
  return (
    <Router>
```

```
        {isLoggedIn && <Navigation />}
      <Switch>
        {isLoggedIn ? (
          <Route exact path="/">
            <Home />
          </Route>
        ) : (
          <Route exact path="/">
            <Auth />
          </Route>
        )}
      </Switch>
    </Router>
  );
};


export default AppRouter;
```

라우터의 Switch는 Switch에 포함된 Route 중 하나만 보여주므로 Navigation 컴포넌트를
Switch에 포함시키지 않았어. 스위치 위에 배치해서 모든 페이지에서 보이도록 만들었지. 아!
하지만 회원가입이나 로그인 페이지에서는 내비게이션이 보일 필요가 없겠지? 그래서
isLoggedIn이 true인 경우에만 Navigation이 보이도록 처리했어.

▶ &&은 자바스크립트의 and 연산자입니다.

▶ && 왼쪽의 조건이 true이면 && 오른쪽에 있는 값을 반환하므로 isLoggedIn의 true, false에 따라 Navigation 컴포넌트를
화면에 렌더링할 수 있습니다.

로그인 상태라면 다음과 같이 내비게이션 내용이 맨 위에 보일 거
야. 로그아웃 상태에서 내비게이션이 사라지는지도 확인해 봐.

This is Navigation!
Home
© 2021 Nwitter

로그인 상태에서 보이는 내비게이션

액션 02 **내비게이션에 링크 추가하기**

내비게이션 컴포넌트에 여러 링크를 추가해 볼까? 링크를 통해 이동할 수 있게 만들
어 보자. 링크는 react-router-dom의 Link를 사용하면 돼. 다음과 같이 코드를 수정하자.

▶ 리액트에서는 a 엘리먼트 대신에 Link로 페이지 이동을 구현할 수 있습니다.

./src/components/Navigation.js

```javascript
import { Link } from "react-router-dom";

const Navigation = () => {
  return (
    <nav>
      <ul>
        <li>
          <Link to="/">Home</Link>
        </li>
        <li>
          <Link to="/profile">My Profile</Link>
        </li>
      </ul>
    </nav>
  );
};

export default Navigation;
```

Home 컴포넌트와 Profile 컴포넌트로 이동할 수 있도록 내비게이션 뼈대를 만들었어. 다음은 뭘 해야 할까? 현재 라우터 구조를 좀 보자… 라우터가 Home 컴포넌트, Auth 컴포넌트에 대한 분기만 처리하고 있네. 그래서 지금은 My Profile 링크를 눌러도 주소 표시줄의 변화만 있을 뿐 실제로 컴포넌트를 렌더링하지는 않아. 예를 들면 'My Profile'을 눌렀을 때 Profile 컴포넌트를 렌더링하지는 않을 거야.

▶ Profile.js 파일의 내용이 보이지 않는 것이 정상입니다.

링크만 바뀌고 화면은 바뀌지 않은 상태

라우터를 수정해 보자. 이렇게 라우터를 구성한 다음 내비게이션의 My Profile을 누르면 프로필 페이지가 출력될 거야!

```
import { HashRouter as Router, Route, Switch } from "react-router-dom";
import Auth from "routes/Auth";
import Home from "routes/Home";
import Profile from "routes/Profile";
import Navigation from "./Navigation";

const AppRouter = ({ isLoggedIn }) => {
  return (
    <Router>
      {isLoggedIn && <Navigation />}
      <Switch>
        {isLoggedIn ? (
          <>
            <Route exact path="/">
              <Home />
            </Route>
            <Route exact path="/profile">
              <Profile />
            </Route>
          </>
        ) : (
          <Route exact path="/">
(...생략...)
```

프로필 페이지가 출력된 화면

로그아웃까지 깔끔하게 마무리하기

지금까지 로그아웃은 수동으로 진행했어. 너무 귀찮지? 〈로그아웃〉 버튼을 만들 차례
야. 그래야 편안하게 로그아웃하지. Profile 컴포넌트에 〈로그아웃〉 버튼을 만들자.

수정해 보자! `./src/components/Profile.js`

```js
import { authService } from "fbase";

const Profile = () => {

  const onLogOutClick = () => authService.signOut();

  return (
    <>
      <button onClick={onLogOutClick}>Log Out</button>
    </>
  );
};


export default Profile;
```

〈로그아웃〉 버튼에 onClick 프롭스로 onLogOutClick 함수를 적용했어. 함수는 한 줄 밖에 되
지 않아. authService에 있는 함수 중 signOut 함수를 실행하기만 하면 끝이거든. signOut 함
수가 실행되면 IndexedDB에 있는 정보를 알아서 비우고, 로그아웃 처리까지 해 줘. 멋지지?

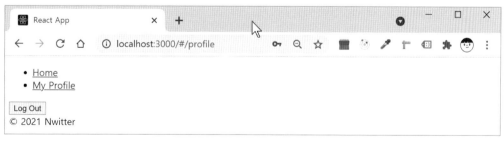

〈로그아웃〉 버튼이 적용된 화면

그런데 〈로그아웃〉 버튼을 누르면 〈로그아웃〉 버튼이 사라지고, 화면도 바뀔 거야. user가 사
라지면서 isLoggedIn의 값이 false가 되니까 말야. 근데 좀 이상해.

<로그아웃> 버튼을 누른 뒤 화면

로그아웃 처리는 성공했는데 주소 표시줄은 여전히 /profile이네. 이걸 고쳐 보자.

액션 04 Redirect로 로그아웃 후 주소 이동하기

두 가지 방법을 사용해서 주소 이동을 처리해 보자. Redirect를 우선 이용해 볼까? 다음은 마지막 Route 다음에 Redirect를 배치해서 Switch 내부에 있는 Route 조건이 다 맞지 않으면 Redirect가 지정한 곳으로 주소를 이동시킨 거야. Redirect는 from 프롭스에 있는 값을 조건으로 생각해서 to 프롭스에 있는 값으로 주소를 이동시켜 줘.

수정해 보자! ./src/components/Router.js

```
import { HashRouter as Router, Redirect, Route, Switch } from "react-router-dom";
import Auth from "routes/Auth";
import Home from "routes/Home";
import Profile from "routes/Profile";
import Navigation from "./Navigation";

const AppRouter = ({ isLoggedIn }) => {
  return (
    <Router>
      {isLoggedIn && <Navigation />}
      <Switch>
        {isLoggedIn ? (
          <>
            <Route exact path="/">
              <Home />
            </Route>
            <Route exact path="/profile">
              <Profile />
            </Route>
          </>
        ) : (
          <Route exact path="/">
```

```
        <Auth />
      </Route>
    )}
    <Redirect from="*" to="/" />
  </Switch>
</Router>
);
};


export default AppRouter;
```

조금만 자세히 설명해 볼까? `Switch`는 `isLoggedIn` 상태를 보고 두 `Route`로 분기하는데 로그아웃 처리가 끝난 상태면 `isLoggedIn`은 false일 거야. 그러면 false로 분기하는 `Route`가 동작해야겠지? 그런데 `exact path="/"`는 정확하게 주소가 "/"인 경우에만 해당해. 그런데 〈로그아웃〉 버튼을 누른 다음의 주소는 "/profile"이야. 그러므로 `isLoggedIn`이 false인 경우에 동작해야 하는 `Route`도 무시될 거야. 결국 `Redirect`가 동작하겠지.

초기 화면으로 잘 이동한 상태

액션 05 useHistory로 로그아웃 후 주소 이동하기

두 번째 방법은 라우터가 아니라 useHistory를 이용해서 자바스크립트로 리다이렉트시키는 방법이야. 로그아웃을 처리하는 자바스크립트 코드 마지막에 처음 화면으로 이동해라는 명령을 내리는 거지. 이건 useHistory를 사용하면 돼. useHistory에는 push라는 함수가 있는데 이 녀석이 주소를 이동시켜 주거든. 그럼 Redirect 관련 코드를 삭제하고 useHistory를 적용시켜 보자.

▶ 브라우저에는 사용자의 주소 이동 발자취를 기록해서 history에 저장합니다. 덕분에 우리가 브라우저에서 뒤로 가기나 새로고침 기능을 사용할 수 있죠. useHistory는 리액트에서 브라우저의 history를 사용할 수 있게 해 줍니다.

```jsx
import { HashRouter as Router, Redirect, Route, Switch } from "react-router-dom";
import Auth from "routes/Auth";
import Home from "routes/Home";
import Profile from "routes/Profile";
import Navigation from "./Navigation";

const AppRouter = ({ isLoggedIn }) => {
  return (
    <Router>
      {isLoggedIn && <Navigation />}
      <Switch>
        {isLoggedIn ? (
          <>
            <Route exact path="/">
              <Home />
            </Route>
            <Route exact path="/profile">
              <Profile />
            </Route>
          </>
        ) : (
          <Route exact path="/">
            <Auth />
          </Route>
        )}
        <Redirect from="*" to="/" />
      </Switch>
    </Router>
  );
};

export default AppRouter;
```

./src/components/Profile.js

```
import { authService } from "fbase";
import { useHistory } from "react-router-dom";

const Profile = () => {
  const history = useHistory();

  const onLogOutClick = () => {
    authService.signOut();
    history.push("/");
  };

  return (
    <>
      <button onClick={onLogOutClick}>Log Out</button>
    </>
  );
};

export default Profile;
```

결과는 같을 거야. 꼭 확인해 봐. 이처럼 Redirect와 useHistory를 쓸 줄 알면 대부분의 주소 이동 대처가 가능할 거야. 꼭 이해하고 넘어 가도록 하자!

소스 확인

4장을 완료한 상태의 전체 소스를 보려면 vo.la/dazBu에 접속해서 '4장 완료 커밋' 링크를 눌러 변경된 내용을 확인해 보세요.

05

트위터? 아니,
'누이터' 핵심 기능 만들기

파이어베이스를 이용하니 로그인과 로그아웃, 소셜 로그인을 아주 쉽고 빠르게, 그리고 멋지게 만들 수 있었어. 이제는 파이어베이스 데이터베이스의 간단한 사용 방법과 채팅과 같은 앱에서 쓰기 좋은 실시간 데이터베이스를 공부해 보자. 글을 올리고, 지우고, 수정하는 등의 기능이 추가될 거야. 보통 CRUD^{create, read, update, delete}라 부르는 개발 주제를 공부하게 되는 거지. 아마 여기를 공부하고 나면 웬만한 리액트 웹 애플리케이션은 쉽게 만들어 볼 수 있을 거야.

 니꼬샘
강의 보기

https://youtu.be/hzm_56aPPbY

05-1 트윗 등록 기능 만들기

이제 누이터에 트윗 등록^{create} 기능을 만들 차례야. 트윗을 위한 폼을 만들고, 폼에서 전송한 데이터를 파이어베이스 데이터베이스에 저장해 보자. 파이어베이스 데이터베이스의 사용 방법은 앞에서 공부했던 것처럼 무척 쉬우니 걱정하지 않아도 돼.

액션 01 트윗을 위한 폼 만들기

트윗을 위한 폼을 다음과 같이 만들어 보자. 기존에 있던 내용을 지우고 아래의 코드로 수정하면 돼.

수정해 보자! ./src/routes/Home.js

```js
import { useState } from "react";

const Home = () => {
  const [nweet, setNweet] = useState("");

  const onSubmit = (event) => {
    event.preventDefault();
  };

  const onChange = (event) => {
    event.preventDefault();
    const {
      target: { value },
    } = event;
    setNweet(value);
  };

  return (
    <form onSubmit={onSubmit}>
      <input
        value={nweet}
        onChange={onChange}
```

```
          type="text"
          placeholder="What's on your mind?"
          maxLength={120}
        />
        <input type="submit" value="Nweet" />
      </form>
    );
  };


export default Home;
```

폼 구성은 회원가입과 크게 다르지 않아. input 엘리먼트에서 입력 받을 텍스트를 상태로 관리하기 위해 useState를 사용한 다음 onChange 함수로 상태와 연결했어. form 엘리먼트는 onSubmit 함수로 원래의 이벤트가 발생하지 않도록 했어(새로고침 방지). 트윗 글자 수는 120자로 제한했고 말야. 이 정도는 익숙하지? 로그인하면 아래와 같은 화면이 나올 거야.

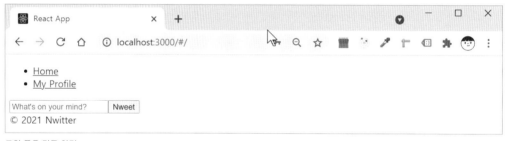

트윗 폼을 만든 화면

액션 02 트윗을 위한 파이어베이스 데이터베이스 생성하기

파이어베이스 데이터베이스를 사용하려면 데이터베이스를 생성해야 해. 〈Firebase Database〉를 눌러 데이터베이스 화면으로 이동하자.

〈Firebase Database〉을 눌러 이동한 상태의 화면

〈데이터베이스 만들기〉를 누른 다음 Cloud Firestore의 보안 규칙에서 〈테스트 모드에서 시작〉을 누르고 〈다음〉을 누르자. 테스트 모드는 보안이 약한 대신 개발이 편해. 누이터가 완성되면 〈프로덕션 모드에서 시작〉으로 보안 모드를 설정하면 되니까 걱정하지 말자.

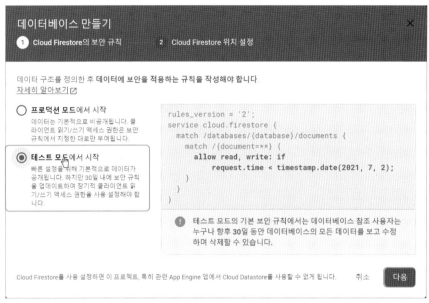

데이터베이스 모드 선택 화면

이어서 Cloud Firestore 위치 설정이야. 데이터베이스 위치는 우리가 살고 있는 곳에서 가까운 곳이 좋아. 이 책을 보고 있는 여러분은 대부분 한국에서 살테니까 'asia-northeast1'으로 선택하자. 그런 다음 〈사용 설정〉을 눌러 설정을 마치면 돼. 그러면 데이터베이스를 생성하는 데 1~2분 정도 시간이 필요하니 잠시 기다리자.

데이터베이스 위치 설정 화면

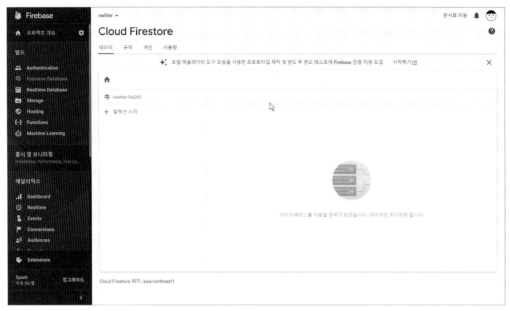

데이터베이스 설정 완료 화면

자! 이제 파이어베이스 데이터베이스를 사용할 준비가 되었어!

액션 03 **샘플 데이터 저장해 보기**

파이어베이스 데이터베이스는 NoSQL 기반의 데이터베이스야. NoSQL 기반의 데이터베이스는 컬렉션과 문서라는 체계를 가지고 있는데 전통적인 데이터베이스의 체계와 많이 달라. 쉽게 설명해 볼까? 컬렉션은 폴더로 생각하면 되고 문서는 컬렉션 안에 포함되는 일종의 텍스트 문서라고 생각하면 돼. 일단 실습해 보면 이해될 거야. Cloud Firestore 화면에 보이는 〈+ 컬렉션 시작〉을 눌러 봐. 컬렉션 ID는 'nweet'로 지정하자.

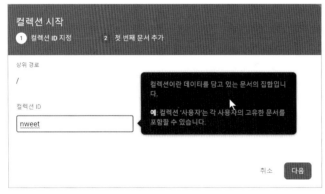

컬렉션 시작 화면(컬렉션 ID 입력하기)

이어서 문서 입력 화면이야. 문서 ID는 〈자동 ID〉를 누르고 필드와 유형, 값을 다음과 같이 작성해 보자. 작성이 끝나면 〈저장〉을 누르면 돼.

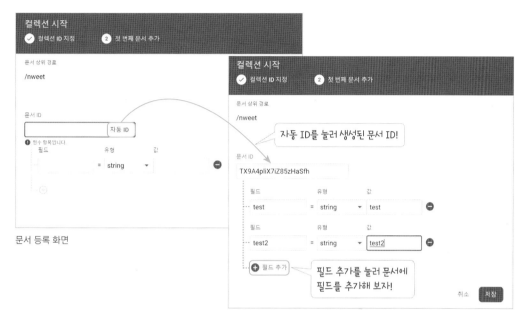

문서 등록 화면

컬렉션, 문서 등록이 완료된 화면

어때, 굉장히 직관적이고 간단하지? 각 항목을 누르면 조회나 수정, 삭제도 할 수 있어! 이미 파이어베이스는 CRUD를 구현해서 준비해 두었고, 웹에서 바로 사용할 수 있도록 서비스화까지 한 거야. 하지만 우리가 진짜 원하는 건 이렇게 웹에서 데이터를 등록하거나 삭제하는 게 아니야. 데이터 등록과 삭제를 코드로 할 수 있어야 해. 그러니 서비스를 통해 등록한 컬렉션은 과감하게 삭제하자.

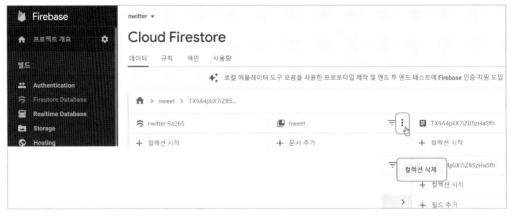

컬렉션 삭제하기

컬렉션 삭제 화면

액션 04 리액트에서 파이어베이스 데이터베이스 사용해 보기

리액트에서 파이어베이스 데이터베이스를 사용하려면 fbase.js 파일을 수정해야 해. 앞에서 회원가입 등의 작업을 위해 authService를 익스포트했었지? 마찬가지로 dbService 에 firebase.firestore()를 담아 익스포트할거야. 아, 그리고 지금부터는 파이어베이스 데이터베이스를 파이어스토어라고 부를 게.

▶ fbase.js 파일 수정 후에는 반드시 리액트 서버를 다시 시작해 주세요.

수정해 보자! ./src/fbase.js

```
import firebase from "firebase/app";
import "firebase/auth";
import "firebase/firestore";
```

```
const firebaseConfig = {
  apiKey: process.env.REACT_APP_API_KEY,
  authDomain: process.env.REACT_APP_AUTH_DOMAIN,
  projectId: process.env.REACT_APP_PROJECT_ID,
  storageBucket: process.env.REACT_APP_STORAGE_BUCKET,
  messagingSenderId: process.env.REACT_APP_MESSAGING_SENDER_ID,
  appId: process.env.REACT_APP_APP_ID,
};

firebase.initializeApp(firebaseConfig);

export const firebaseInstance = firebase;
export const authService = firebase.auth();
export const dbService = firebase.firestore();
```

리액트 서버가 실행되어 있는 중에 위 코드를 변경했다면 꼭 리액트 서버를 다시 실행해야 해. 그래야 파이어베이스 설정이 제대로 적용되거든.

액션 05 파이어스토어에 데이터 저장하기: Create

이제 파이어스토어에 데이터를 저장해 보자. 그래. CRUD에서 생성[create]을 할 시간이야. 구현은 아주 간단해. 다음과 같이 수정해 볼까?

수정해 보자! ./src/routes/Home.js

```
import { dbService } from "fbase";
import { useState } from "react";

const Home = () => {
  const [nweet, setNweet] = useState("");

  const onSubmit = async (event) => {
    event.preventDefault();
    await dbService.collection("nweets").add({
      text: nweet,
      createdAt: Date.now(),
    });
    setNweet("");
```

```
    };
    (...생략...)
export default Home;
```

dbService.collection("nweets").add(...)는 Promise를 반환하므로 async-await 문을 사용했어. 이 코드를 조금만 자세히 설명해 볼게. dbService.collection("nweets")은 컬렉션을 생성해. 그리고 .add({ text: nweet, createdAt: Date.now() })는 해당 컬렉션에 문서를 생성해. 지금의 경우 nweet 상태의 값을 문서에 text 필드로 저장한 거야. 저장을 완료한 다음에는 setNweet("")로 nweet 상태를 다시 빈 문자열로 초기화했고. 완전 쉽지? 너무 쉬워서 못 믿을 수도 있으니 한 번 확인해 보자!

트윗 성공!

어때? 파이어스토어는 실시간으로 동작하는 데이터베이스라 트윗한 정보를 바로 반영해 줘. 아, 물론 Cloud Firestore에서는 새로고침해야 트윗한 데이터가 보일 거야. 신기하지?

액션 06 파이어스토어에서 문서 읽어오기: Read

이제 CRUD에서 읽기^{read}를 구현할 차례야. 트윗 목록을 보여주는 기능을 구현해야 해. 이 기능은 파이어스토어의 nweets 컬렉션과 그 안에 있는 문서들을 읽어오면 될 거야. 문서의 경우 get 함수를 사용하면 되는데, get 함수는 add 함수처럼 단순히 1번만 실행해서 읽어올 수 없어. 왜냐면 문서의 개수가 많으면 forEach 함수로 가공해야 되거든. 코드를 다음과 같이 수정해 보자.

./src/routes/Home.js

```javascript
import { dbService } from "fbase";
import { useEffect, useState } from "react";

const Home = () => {
  const [nweet, setNweet] = useState("");

  const getNweets = async () => {
    const dbNweets = await dbService.collection("nweets").get();
    console.log(dbNweets);
  };

  useEffect(() => {
    getNweets();
  }, []);
(...생략...)
```

컴포넌트가 모두 마운트된 이후에 문서들을 가져오려고 useEffect를 사용했어. 그런데 useEffect를 사용할 때는 하나 주의해야 해. 뭐냐고? async-await 문을 쓰는 함수가 useEffect에 포함되어 있으면, 그 함수는 따로 빼서 정의하고 useEffect에서 그 함수를 실행시켜야 한다는 점이야.

아까도 말했지만 dbService 관련 함수는 async-await 문을 사용해야 해. 그래서 이 함수를 별도의 함수 getNweets로 구성했고, 실제 함수 호출은 useEffect에서 한 거야. get 함수는 문서 목록과 여러 정보를 한꺼번에 반환해. 코드 수정을 마쳤다면 결과를 확인해 보자.

dbNweets에 들어 있는 값 확인

dbNweets를 콘솔에 출력했어. 이거 봐. 우리가 원하는 게시물 목록이 바로 보이지 않아. 이것저것 내용물을 펼쳐 봐도 "hihihiihi" 같은 내용도 안 보이네. 뭔가 엄청 복잡한 데이터만 보여.

이게 뭐냐면 스냅샷이야. 스냅샷은 파이어스토어의 원본을 사진 찍듯이 찍어 보내준 거라고 생각하면 돼. 실제로 우리가 원하는 데이터는 스냅샷 속에 숨어 있어. 이를 얻어내려면 forEach 함수를 사용해야 해. 다음과 같이 수정해 보자.

수정해 보자! `./src/routes/Home.js`

```
import { dbService } from "fbase";
import { useEffect, useState } from "react";

const Home = () => {
  const [nweet, setNweet] = useState("");

  const getNweets = async () => {
    const dbNweets = await dbService.collection("nweets").get();
    console.log(dbNweets);
    dbNweets.forEach((document) => console.log(document.data()));
  };
(...생략...)
```

스냅샷은 다시 여러 개의 문서 스냅샷으로 구성되어 있어. 여러 개의 문서 스냅샷을 순회하기 위해 forEach 함수를 사용한 거야. 그리고 문서 스냅샷에서 우리가 원하는 데이터는 document.data()와 같이 data 함수로 얻을 수 있어. 코드를 수정한 다음 저장해서 결과를 확인해 보자.

▶ 인자로 넘겨준 document은 potato로 바꿔도 상관없습니다. 중요한 것은 data 함수입니다.

data 함수에 의해 출력된 문서

액션 07 받은 데이터로 게시물 목록 만들어 보기

콘솔에 우리가 원하는 데이터가 출력되는 것을 확인했으니 코드를 수정해서 누이터에 반영해 보자. 파이어스토어에서 받은 데이터는 상태로 관리해야 화면에 보여줄 수 있어. 빈 배열로 초기화한 상태 nweets을 만들고, forEach 함수와 setNweets으로 파이어스토어의 데이터를 저장하자.

수정해 보자! ./src/routes/Home.js

```
import { dbService } from "fbase";
import { useEffect, useState } from "react";

const Home = () => {
  const [nweet, setNweet] = useState("");
  const [nweets, setNweets] = useState([]);

  const getNweets = async () => {
    const dbNweets = await dbService.collection("nweets").get();
    dbNweets.forEach((document) =>
      setNweets((prev) => [document.data(), ...prev])
    );
  };

  useEffect(() => {
    getNweets();
  }, []);

  console.log(nweets);
(...생략...)
```

> console.log 함수에서 setNweets 함수로 바꿨어.

받아온 데이터를 setNweets으로 저장할 때는 유의할 점이 하나 있어. forEach 함수는 스냅샷에 있는 문서 스냅샷을 하나씩 순회하면서 setNweets을 사용하므로 nweets에 현재 순회 중인 문서 스냅샷을 하나씩 추가해야 한다는 점이야. 순회 구조를 생각해 보자. 스냅샷에 문서 스냅샷이 5개 들어 있다면 setNweets는 5번 실행되겠지?

순회	순회 중인 데이터(document.data()로 얻은 값)
1	{text: "hihihihihihihihi", createdAt: 1622627194900}
2	{text: "나는 정말 기쁘다", createdAt: 1622707083068}
...	...

이때 nweets에 데이터를 쌓고 싶다면 순회 이전의 nweets와 순회 중인 데이터를 [document.data(), ...prev]와 같이 전개 구문^spread syntax을 이용해서 합치면 돼. 이 패턴은 ES6를 공부했다면 충분히 알 수 있어. 중요한 건 순회 이전의 nweets은 setNweets에 인자로 전달한 함수의 첫 번째 인자로 넘어온다는 거야.

예를 들어 setNweets의 인자로 전달한 함수가 (potato) => [document.data(), ...potato]라면 potato에 순회 이전의 상태가 넘어와. 그러면 potato를 전개 구문으로 다시 풀어서 새 데이터와 합친 다음, 다시 배열로 만들어 setNweets에 저장하는 거지. potato에 어떻게 이전 상태가 알아서 넘어오냐고? 이건 리액트에서 setState에 제공하는 기능이야. 따로 구현할 필요 없는 기능이니까 너무 신경 쓰지 않아도 돼. 아무튼 이렇게 하면 아주 쉽게 이전 상태와 현재 데이터를 합칠 수 있어.

아참, potato는 이전 상태니까 [...potato, document.data()]가 아니라 [document.data(), ...potato]와 같이 코드를 작성하면 새 데이터 document.data()를 상태의 맨 앞으로 배치할 수도 있어. 이런 코드 트릭도 잘 익히도록 해. 이렇게 하면 새 트윗을 가장 먼저 보여주겠지?

▶ createdAt의 숫자가 클수록 최근에 등록된 데이터입니다.

▶ createdAt의 숫자는 특정 시간을 기준으로 현재까지 지난 시간을 밀리초로 표현한 값입니다.

최근 트윗이 0번 위치에 잇는 모습

자, 이제 트윗 조회 기능까지 다 된 것 같네. 이제 CRUD의 업데이트^update, 삭제^delete만 남았군!

액션 08 트윗 아이디 저장하기

업데이트^update, 삭제^delete를 구현하기 전에 이 명령을 위해서 필요한 값인 아이디를 저장하자. 아이디는 파이어스토어에서 데이터를 구별할 때 사용해. 이게 없으면 업데이트, 삭제 명령을 받아들이지 않을 거야. 뭘 수정, 삭제하라는 건지 모르니까. 문서에는 id 속성이 있는데 이 값은 스냅샷을 순회하면서 document.id와 같이 얻을 수 있어. 다음과 같이 코드를 수정하자.

수정해 보자! **./src/routes/Home.js**

```
(...생략...)
  const getNweets = async () => {
    const dbNweets = await dbService.collection("nweets").get();
    dbNweets.forEach((document) => {
      const nweetObject = { ...document.data(), id: document.id };
      setNweets((prev) => [document.data()nweetObject, ...prev])
    });
  };
(...생략...)
```

코드를 저장하고 새로고침하면 콘솔에 다음과 같은 데이터가 출력될 거야. id가 추가되었지?

id가 추가된 상태

액션 09 **트윗 목록 출력해 보기**

이제 트윗 목록을 출력해 보자. 배열을 Home 컴포넌트에 출력하면 돼.

수정해 보자! **./src/routes/Home.js**

```
import { dbService } from "fbase";
import { useEffect, useState } from "react";

(...생략...)

  useEffect(() => {
    getNweets();
  }, []);

  console.log(nweets);
```

화면에 트윗 목록을 출력할테니 이제 이 코드는 삭제하자.

```
(...생략...)

  return (
    <>
      <form onSubmit={onSubmit}>
        (...생략...)
      </form>
      <div>
        {nweets.map((nweet) => (
          <div key={nweet.id}>
            <h4>{nweet.text}</h4>
          </div>
        ))}
      </div>
    </>
  );
};


export default Home;
```

map 함수는 배열을 순회하기 위한 ES6 함수야. nweets
배열을 순회하면서 JSX를 반환하도록 만든 거지. 이
정도는 리액트 기초를 공부했다면 충분히 알 수 있는
내용이므로 자세한 설명은 건너뛸게. 결과 화면을 보
면 다음과 같을 거야. 새 트윗을 추가했다면 새로고침
해서 기능을 테스트해 봐!

트윗이 보이는 화면

액션 10 근데... 이거 누가 쓴 트윗이야?

트윗 목록이 잘 출력되지? 그런데 개선할 점이 하나 있어. 지금 트윗 목록을 보면 누가
쓴 트윗인지 전혀 알 수가 없어. 그래 뭐... 누가 쓴 트윗인지 화면에 보여줄 필요는 없을 수도
있어. 그렇지만 적어도 우리의 서비스는 이 트윗이 누가 쓴 트윗인지 알아야 해. **왜냐면 그래
야 트윗 수정, 트윗 삭제 등의 기능을 만들 수 있거든.** 우선 누가 쓴 트윗인지 데이터 상으로 기
록을 남겨 보자. 작성자의 정보는 로그인 기능을 만들면서 이미 가져올 수 있음을 확인했어.
App.js 파일을 보면 authService.onAuthStateChanged 함수를 사용해서 로그인한 사람의 정
보를 받아올 수 있었지. 이 값을 다른 컴포넌트에 보낼 거야. App.js 파일을 수정하자.

수정해 보자! ./src/components/App.js

```
(...생략...)
function App() {
  const [init, setInit] = useState(false);
  const [isLoggedIn, setIsLoggedIn] = useState(false);
  const [userObj, setUserObj] = useState(null);

  useEffect(() => {
    authService.onAuthStateChanged((user) => {
      if (user) {
        setIsLoggedIn(user);
        setUserObj(user);
      } else {
(...생략...)
```

우선 로그인한 사람의 정보를 관리하기 위해 useState를 하나 더 만들었어. setUserObj
(user)가 바로 그 부분이야. 그럼 userObj는 어디로 보내야 할까? Home 컴포넌트, Profile 컴
포넌트, EditProfile 컴포넌트 등 많은 곳에서 로그인한 사람의 정보를 사용해야 하므로 페
이지의 중간 역할을 하는 AppRouter 컴포넌트로 userObj를 보낼 거야. 계속해서 App.js 파일
을 수정해 보자.

수정해 보자! ./src/components/App.js

```
(...생략...)
  return (
    <>
      {init ? (
        <AppRouter isLoggedIn={isLoggedIn} userObj={userObj} />
      ) : (
        "initializing..."
      )}
      <footer>&copy; {new Date().getFullYear()} Nwitter</footer>
    </>
  );
}


export default App;
```

AppRouter 컴포넌트에 userObj를 프롭스로 전달했으니 이걸 받아 사용하면 되겠지? AppRouter 컴포넌트를 수정하자. userObj를 받아 필요한 컴포넌트에 다시 프롭스로 전달하면 돼. 참고로 리액트 프로그래밍을 할 때 프롭스는 여러 컴포넌트를 거치지 않도록 하는게 좋아. 유지 보수에 좋지 않거든. 하지만 지금처럼 두 단계 정도 거치는 건 괜찮아. Router.js 파일을 열어 다음과 같이 수정해 보자!

수정해 보자! ./src/components/Router.js

```
(...생략...)
const AppRouter = ({ isLoggedIn, userObj }) => {
  return (
    <Router>
      {isLoggedIn && <Navigation />}
      <Switch>
        {isLoggedIn ? (
          <>
            <Route exact path="/">
              <Home userObj={userObj} />
            </Route>
(...생략...)
```

Home 컴포넌트로 userObj 프롭스를 보냈어. 그 다음엔 뭘 해야 할지 알지? Home 컴포넌트에서도 이 값을 받아야 해. Home 컴포넌트에는 트윗을 파이어스토어에 저장하는 로직이 있었지? 여기에 userObj.id를 함께 저장하는 로직을 추가할 거야. 그러면 어떤 사람이 남긴 트윗인지 구별할 수 있겠지? 이 작업을 진행해야 이후에 트윗 수정, 트윗 삭제 기능도 만들 수 있어. 계속해서 수정해 보자!

수정해 보자! ./src/components/Home.js

```
import { dbService } from "fbase";
import { useEffect, useState } from "react";

const Home = ({ userObj }) => {
  console.log(userObj);
  const [nweet, setNweet] = useState("");
  const [nweets, setNweets] = useState([]);
(...생략...)
```

콘솔로 userObj를 출력해서 그 안에 무슨 값이 있는지 확인해 보자. 사용자를 구분할 수 있는 값이 있는지 보면 돼. 그 값은 바로 uid야.

```
▶ metadata: Fm {a: "1622597954713", b: "1622767509768", lastSignInTime: "Fri, 04 Jun 2021 00:4…
▶ multiFactor: tm {a: Im, b: Array(0), enrolledFactors: Array(0), c: ƒ}
  pa: undefined                                    ┌─────┐
  phoneNumber: null                                │ tm  │
  photoURL: null                                   └─────┘
▶ providerData: [{…}]
  refreshToken: "AGEhc0BGokA14-8LZBC2abSIo6r8B3fM0ch9ACxciZVZ1kW30gNfsxbpGJV6swCmsP3igJA8GIZfW…
  s: "nwitter-9a265.firebaseapp.com"
  tenantId: null
▶ u: xm {c: 30000, f: 960000, h: ƒ, i: ƒ, g: ƒ, …}
  ┌──────────────────────────────────────────┐
  │ uid: "Mv38AAr1nnZUFVx7bqjUcUjoo8X2"       │
  └──────────────────────────────────────────┘
▶ v: hd {src: Im, a: {…}, b: 4}
  xa: false
  ya: null
  za: "eyJhbGciOiJSUzI1NiIsImtpZCI6ImFiMGNiMTk5Zjg3MGYyOGUyOTg5YWI0ODFjYzJlNDdlMGUyY2xOWQiLCJ…
  _lat: "eyJhbGciOiJSUzI1NiIsImtpZCI6ImFiMGNiMTk5Zjg3MGYyOGUyOTg5YWI0ODFjYzJlNDdlMGUyY2xOWQiL…
▶ __proto__: H
```

uid 확인하기

uid는 사용자 아이디[user id]를 줄인 표현이야. 말 그대로 사용자 고윳값이지. uid를 확인했으니 다시 코드를 다시 수정하자.

수정해 보자! ./src/routes/Home.js

```
(...생략...)
const Home = ({ userObj }) => {
  console.log(userObj);
  const [nweet, setNweet] = useState("");
(...생략...)
  const onSubmit = async (event) => {
    event.preventDefault();
    await dbService.collection("nweets").add({
      text: nweet,
      createdAt: Date.now(),
      creatorId: userObj.uid,
    });
    setNweet("");
  };
(...생략...)
```

파이어스토어에 데이터를 저장할 때는 add 함수에 저장할 항목을 객체로 넣으면 된다고 했지? userObj.uid를 creatorId 항목에 입력했어. 쉽지? 파이어스토어에 잘 저장되는지 검증도 해보자. creatorId가 추가되었으니까 이 내용이 잘 보이는지 확인하면 돼. 또, 데이터 구성이 이전과 달라졌으니 컬렉션을 삭제한 후 테스트를 진행하자.

컬렉션 삭제하기

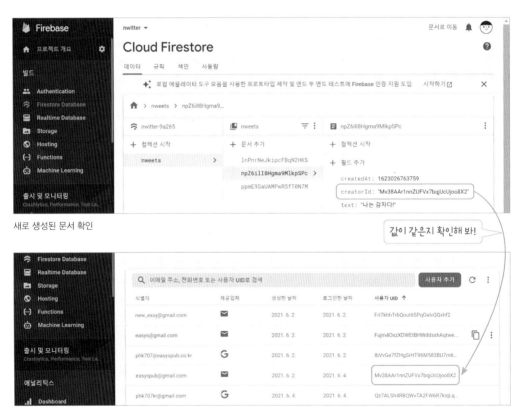

새로 생성된 문서 확인

Authentication의 uid 확인

컬렉션 삭제 후 새 트윗을 입력한 다음 Firesotre Database와 Authentication에서 uid를 비교해 보니 동일하네! 이제 다음으로 나아가 보자.

05-2 실시간 데이터베이스로 트윗 목록 보여주기

05-1절에서 폼과 파이어스토어를 사용해서 트윗 목록을 출력해 봤어. 이번에는 더 멋진 방법으로 트윗 목록을 출력^{read}해 보자. 뭐냐면... 실시간 데이터베이스야. 지금의 트윗 목록은 어때? 트윗을 추가해도 새로고침을 하지 않으면 화면에 새 트윗이 반영되지 않지? 왜 그런고 하니 지금은 get 함수로 파이어스토어의 데이터를 받아와서 그래. get 함수는 처음에 화면을 렌더링할 때만 실행되거든.

이런 절차 없이 실시간으로 트윗 목록을 출력하는 방법은 바로 실시간 데이터베이스를 도입하는 거야. 실시간 데이터베이스는 채팅 애플리케이션을 만들 때 유용해. 실시간 데이터베이스는 데이터베이스의 변화를 실시간으로 감지하고, 변화가 감지되면 곧바로 파이어베이스 라이브러리 함수를 실행시켜주지. 이렇게 하면 새 트윗을 바로 보여줄 수 있을 거야.

기존에는 서버와 데이터를 주고받거나 에러, 결과 처리를 직접 다 해야 했지만 이제는 파이어베이스가 다 알아서 해주는 거지! 또 이 방법을 도입하면 데이터베이스와 통신할 때 async-await 문을 쓰지 않아도 되니 좋아. 앞에서 로그인 처리를 할 때 onAuthStateChanged 함수를 사용할 때도 async-await 문을 사용하지 않았는데도 데이터베이스와의 통신이 잘 되었었지? 이제 실시간 데이터베이스를 도입해 보자!

액션 01 getNweets 함수 삭제하기

우선 트윗 목록을 받아오는 getNweets 함수를 삭제하자. useEffect의 getNweets()도 삭제해야 해.

수정해 보자! ./src/routes/Home.js

```
import { dbService } from "fbase";
import { useEffect, useState } from "react";

const Home = ({ userObj }) => {
  const [nweet, setNweet] = useState("");
  const [nweets, setNweets] = useState([]);
  const getNweets = async () => {
    const dbNweets = await dbService.collection('nweets').get();
```

```
  dbNweets.forEach((document) => {
    const nweetObject = {
      ...document.data(),
      id: document.id
    };
    setNweets((prev) => [nweetObject, ...prev]);
  });
};

useEffect(() => {
  getNweets();
}, []);
(...생략...)
```

액션 02 onSnapshot 함수 적용하기

우리의 새 친구 실시간 데이터베이스를 도입하자. get 함수 대신 onSnapshot 함수를
쓰면 돼. 함수 하나만 교체해도 실시간 데이터베이스 도입이 완료되는 거지. 신기하지?

수정해 보자! ./src/routes/Home.js

```
(...생략...)
  useEffect(() => {
    dbService.collection("nweets").onSnapshot((snapshot) => {
      const newArray = snapshot.docs.map((document) => ({
        id: document.id,
        ...document.data(),
      }));
      setNweets(newArray);
    });
  }, []);
(...생략...)
```

collection("nweets")까지는 컬렉션을 호출하는 것이므로 get 함수를 썼을 때와 같아. 이후
의 onSnapshot 함수만 바뀌었는데 이 함수도 get 함수처럼 스냅샷을 반환해. 스냅샷에는 다
시 문서 스냅샷들이 포함되어 있는데 문서 스냅샷들은 snapshot.docs와 같이 얻어낼 수 있
어. 여기에 map 함수를 적용하면 문서 스냅샷에서 원하는 값만 뽑아 다시 배열화할 수 있지.

게다가 map 함수를 사용하면 코드 효율이 높아져. forEach 함수는 배열 요소를 순회하면서 매 순회마다 setNweet 함수를 사용해야 하지만, map 함수는 순회하며 만든 배열을 반환하므로 반환한 배열을 1번만 setNweets 함수에 전달하면 되니 훨씬 효율적이지. 코드 수정을 마쳤다면 트윗을 등록해 봐. 실시간으로 트윗이 추가될 거야. 파이어스토어에서 문서 삭제도 해봐. 삭제도 실시간 반영될 거야.

05-3 트윗 삭제 기능 만들기

지금까지 트윗 등록[create], 트윗 목록 출력[read] 기능을 만들었어. 이제 트윗 삭제[delete], 트윗 수정[update] 기능을 만들 거야. 아마 05-2절까지 공부했다면 트윗 삭제, 트윗 수정 기능 구현은 쉽게 할 수 있을 거야. 실제로 트윗 등록이나 트윗 목록 출력보다 쉽거든. 그럼 시작해 보자.

액션 01 트윗 컴포넌트 분리하기

트윗 바로 아래에 트윗 수정, 트윗 삭제를 위한 버튼을 두려면 컴포넌트에 JSX를 추가하는 작업이 필요할 거야. 그런데 이 작업을 계속해서 Home 컴포넌트에 하기는 좀 그래. 트윗 목록을 보여주는 코드의 덩치가 점점 커지니까. 지금의 경우 개별 트윗 출력은 다음과 같이 하고 있어.

확인해 보자! ./src/routes/Home.js

```
(...생략...)
    <div>
      {nweets.map((nweet) => (
        <div key={nweet.id}>
          <h4>{nweet.text}</h4>
        </div>
      ))}
    </div>
(...생략...)
```

> 여기에 〈수정〉, 〈삭제〉를 위한 추가 코드 작업을 더 해야 하는데... 그러면 컴포넌트 덩치가 점점 커져!

하지만 리액트로 개발한다면 컴포넌트의 덩치를 효율적으로 줄이기 위한 작업이 중요해. 그런 의미에서 Home 컴포넌트의 개별 트윗 출력 부분을 컴포넌트로 분리해 보자. 박스로 표시한 코드를 Nweet 컴포넌트로 바꾸는 거지. 트윗 내용 출력을 위해 프롭스도 추가할 거고. 코드를 보면 이해할 수 있을 거야. Nweet.js 파일을 만들어 코드를 작성해 보자.

```
새로 만들어 보자!  ./src/components/Nweet.js

const Nweet = ({ nweetObj }) => {
  return (
    <div>
      <h4>{nweetObj.text}</h4>
    </div>
  );
};


export default Nweet;
```

Nweet 컴포넌트는 기존의 Home 컴포넌트의 개별 트윗 출력 부분과 완전히 같은 역할을 해. Home 컴포넌트의 map 함수에서 반환하는 nweetObj 배열을 프롭스로 받는 점만 다르지. 이제 Home 컴포넌트에 Nweet 컴포넌트를 넣어 보자.

```
수정해 보자!  ./src/routes/Home.js

import { dbService } from "fbase";
import { useEffect, useState } from "react";
import Nweet from "components/Nweet";
(...생략...)
    <div>
      {nweets.map((nweet) => (
        <div key={nweet.id}>
          <h4>{nweet.text}</h4>
        </div>
        <Nweet key={nweet.id} nweetObj={nweet}/>
      ))}
    </div>
(...생략...)
```

이전 코드 삭제 후 Nweet 컴포넌트를 입력하면 끝이야. map 함수 부분만 한 번 자세히 보자. key의 경우 nweet.id와 같이 입력해서 고윳값을 바로 적용했고, nweetObj의 경우 Nweet 컴포넌트 안에서 사용할 때 이름이 헷갈릴 수도 있으니 nweet이 아니라 nweetObj이라고 이름을 새로 지어 주었어. 코드 수정 후 화면이 제대로 나오는 지 확인해 보자.

트윗이 제대로 보이면 OK

트윗 〈수정〉, 트윗 〈삭제〉 버튼 추가하기

컴포넌트를 분리했으니 이제 트윗 〈수정〉, 트윗 〈삭제〉 버튼을 추가하자. 결과 화면을
보면 트윗마다 추가한 버튼이 보일 거야.

수정해 보자! **./src/components/Nweet.js**

```
const Nweet = ({ nweetObj }) => {
  return (
    <div>
      <h4>{nweetObj.text}</h4>
      <button>Delete Nweet</button>
      <button>Edit Nweet</button>
    </div>
  );
};


export default Nweet;
```

- Home
- My Profile

What's on your mind?　Nweet

나는 소시지다!

Delete Nweet | Edit Nweet

나는 감자다!

Delete Nweet | Edit Nweet

나는 튀김이다!

트윗 수정, 트윗 〈삭제〉 버튼 추가

앞에서 트윗 데이터에 creatorId로 uid를 추가하면서 '나중에 삭제, 수정 기능에 필요해서 넣는 거야~'라고 했었어. 지금 그 작업을 할 거야. 트윗을 쓴 사람만 트윗을 삭제하거나 수정하려면 어떻게 해야 할까? 그래. creatorId와 현재 로그인한 사람의 uid를 비교해서 같으면 〈삭제〉 버튼과 〈수정〉 버튼을 보여주면 돼.

액션 03 내가 쓴 트윗은 나만 지우거나 수정할 수 있도록 만들기

현재 로그인한 사람의 정보는 Home 컴포넌트에서 userObj 프롭스로 받고 있었어. userObj 프롭스를 이용하면 Nweet 컴포넌트에 '이 사람이 이 트윗의 주인이다 아니다~'를 쉽게 알려줄 수 있을 거야. 아래와 같이 코드를 수정하자.

수정해 보자! ./src/components/Home.js

```
import { dbService } from "fbase";
import { useEffect, useState } from "react";
import Nweet from "components/Nweet";

const Home = ({ userObj }) => {
  const [nweet, setNweet] = useState("");
  const [nweets, setNweets] = useState([]);
(...생략...)
      <div>
        {nweets.map((nweet) => (
          <Nweet
            key={nweet.id}
            nweetObj={nweet}
            isOwner={nweet.creatorId === userObj.uid}
          />
        ))}
      </div>
(...생략...)
```

nweet.creatorId === userObj.uid와 같이 트윗의 uid와 로그인한 사용자의 uid를 비교 연산자로 비교하면 true 또는 false가 나올 거야. 그 값을 Nweet 컴포넌트에 넘겨주면 되겠지? Nweet 컴포넌트에서는 isOwner가 true면 삭제, 〈수정〉 버튼을 보여주면 돼. 계속해서 Nweet 컴포넌트를 수정해 보자.

```
const Nweet = ({ nweetObj, isOwner }) => {
  return (
    <div>
      <h4>{nweetObj.text}</h4>
      {isOwner && (
        <>
          <button>Delete Nweet</button>
          <button>Edit Nweet</button>
        </>
      )}
    </div>
  );
};

export default Nweet;
```

간단하지? `isOwner && ...`와 같이 `&&` 연산자를 이용해서 `isOwner`가 `true`일 때만 버튼이 나타나게 했어! 다시 결과 화면으로 돌아가 보자.

지금은 사용자 1명이 모든 트윗을 입력한 상태라 `isOwner` 비교 연산자 결괏값이 `true`가 되면서 〈삭제〉, 〈수정〉 버튼이 모든 트윗에 있어. 트윗의 사용자를 바꿔 볼까?

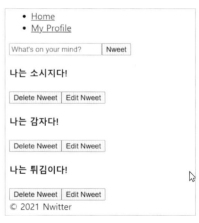

수정, 〈삭제〉 버튼이 모두 보이는 상태

액션 04 파이어스토어에서 uid 바꾸기

파이어스토어에서 아무 트윗의 문서를 눌러 creatorId를 바꿔 보자! 그럼 로그인한 사용자의 uid와 트윗 작성자의 uid가 달라지니까 `isOwner`의 비교 연산자값이 `false`가 될 거야. Authentication에서 기존 트윗의 creatorId와 다른 uid를 복사하고 Firestore Database에 반영해 봐. 그러면 기존 트윗의 버튼이 사라질 거야.

기존 트윗의 uid와 다른 uid 복사하기

creatorId 필드에 로그인한 계정과
다른 계정의 UID 복사하기!

문서의 creatorId 업데이트

로그인한 계정이 아닌 경우 〈삭제〉,
〈수정〉 버튼이 사라짐!

〈삭제〉, 〈수정〉 버튼이 사라진 화면

이렇게 해서 내가 쓴 트윗은 나만 지우거나 수정할 수 있게 되었어. 버튼을 눌렀을 때 실제 동작은 없겠지만 우선 UI 상으로는 구현이 된 셈이지.

이제 파이어베이스 라이브러리에 있는 함수를 이용해서 〈삭제〉, 〈수정〉 버튼에 기능을 부여해 보자. 우선 삭제 기능부터. 삭제 기능을 구현하기 위해 파이어스토어의 구조를 다시 짚어 보자. 파이어스토어는 컬렉션 집합이고, 우리가 사용하는 컬렉션의 이름은 nweets였어. nweets에는 데이터, 즉, 문서가 들어 있었고. 정리하자면 데이터가 추가되거나 삭제되는 건 문서가 추가되거나 삭제되는 거라고 생각하면 돼.

액션 05 버튼에 삭제 기능 추가하기

이쯤 설명하면 삭제 기능을 구현하기 위해 어떤 것을 알아야 하는지 느낌이 왔을 거야. 그래. 삭제를 위해서는 문서의 고윳값, 즉, 문서 아이디[ID]가 필요해. 문서 아이디는 어디서 찾을 수 있을까? Home 컴포넌트에서 Nweet 컴포넌트에 프롭스로 넘긴 nweetObj에 문서 아이디가 들어 있어. 그 값을 이용하면 돼. 그리고 트윗을 삭제할 때는 '삭제하시겠습니까?'와 같은 확인 메뉴를 추가해 주는 게 좋아. 파일을 수정해 보자.

수정해 보자! ./src/components/Nweet.js

```
const Nweet = ({ nweetObj, isOwner }) => {
  const onDeleteClick = () => {
    const ok = window.confirm("삭제하시겠습니까?");
    console.log(ok);
  };

  return (
    <div>
      <h4>{nweetObj.text}</h4>
      {isOwner && (
        <>
          <button onClick={onDeleteClick}>Delete Nweet</button>
          <button>Edit Nweet</button>
        </>
      )}
    </div>
  (...생략...)
```

코드 수정 후 결과를 볼까? 〈삭제〉 버튼을 클릭하면 onDeleteClick 함수를 실행하도록 했고, onDeleteClick 함수가 실행되면 '삭제하시겠습니까?'라는 창을 띄우네.

〈삭제〉 버튼을 클릭했을 때 나오는 창

window.confirm(...)이 반환하는 값이 무엇인지 알아야 삭제 기능을 완벽하게 구현할 수 있어. 아무거나 선택해서 콘솔에 어떤 값이 출력되는지 보자.

window.confirm(...)이 반환하는 값 true, 〈확인〉을 누른 상태

window.confirm(...)은 〈확인〉을 클릭하면 true를, 〈취소〉를 클릭하면 false를 반환해. 〈확인〉, 〈취소〉를 클릭했을 때 어떤 값을 반환하는지 알았으니 이것을 이용해서 〈확인〉을 클릭하면 트윗을 삭제하도록 만들자!

수정해 보자! ./src/components/Nweet.js

```
import { dbService } from "fbase";

const Nweet = ({ nweetObj, isOwner }) => {
  const onDeleteClick = async () => {
    const ok = window.confirm("삭제하시겠습니까?");
    console.log(ok);
    if (ok) {
      console.log(nweetObj.id);
      const data = await dbService.doc(`nweets/${nweetObj.id}`);
      console.log(data);
    }
  };
```

> `표시는 작은따옴표가 아니라 키보드에서 숫자 1 왼쪽에 있는 백틱이야.

```
    return (
      <div>
        <h4>{nweetObj.text}</h4>
        {isOwner && (
          <>
            <button onClick={onDeleteClick}>Delete Nweet</button>
            <button>Edit Nweet</button>
          </>
        )}
      </div>
    );
  };


export default Nweet;
```

앞에서 실시간으로 데이터베이스 변화를 감지하는 onSnapshot 함수를 사용할 때는 async-await 문이 없어도 된다고 했어. 하지만 async-await 문을 붙여도 onSnapshot 함수는 똑같이 동작할 거야. 나의 경우 onSnapshot 함수를 다른 함수로 교체할 때를 대비해서 이렇게 코딩하는 걸 더 선호해.

아무튼 확인 창에서 〈확인〉을 누르면 true를 반환하니 if 문으로 삭제를 구현하면 돼. 그리고 삭제를 하려면 무엇을 알아야 한다고 했었지? 그래. 문서 아이디야. 문서 아이디는 어디에 있을까? 그리고 문서 아이디로 파이어스토어의 문서를 얻어오는 방법은 무엇일까? 코드에서 보듯이 문서 아이디는 nweetObj.id에 있고, 문서는 dbService.doc((`nweets/${nweetObj.id}`)와 같이 얻어올 수 있어. doc이라는 함수 이름이 주는 느낌이 '문서'이므로 그냥 문서를 부르는 느낌이지?

▶ ${nweetObj.id}는 ES6의 템플릿 리터럴 문법입니다.
▶ 자바스크립트 템플릿 리터럴: ko.javascript.info/string

파이어스토어에서 문서 경로 확인, 연필 모양 아이콘 누르기 전

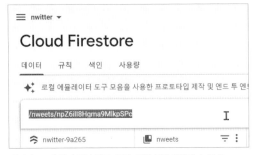

파이어스토어에서 문서 경로 확인, 연필 모양 아이콘 누른 후

doc 함수는 문서 경로를 문자열로 입력 받아서 문서를 반환해. 문서 경로는 파이어스토어에서 확인할 수 있는데 이것을 참고해서 템플릿 리터럴로 작성한 거야. 〈삭제〉 버튼을 클릭해서 nweetObj.id와 파이어스토어의 문서 경로에 있는 아이디가 같은지 확인해 봐.

〈삭제〉 버튼을 누른 뒤 출력된 문서 아이디

이제 삭제 기능을 완료하자. 찾은 문서에 delete 함수를 적용하면 돼.

수정해 보자! ./src/components/Nweet.js

```
import { dbService } from "fbase";

const Nweet = ({ nweetObj, isOwner }) => {
  const onDeleteClick = async () => {
    const ok = window.confirm("삭제하시겠습니까?");
    console.log(ok);
    if (ok) {
      console.log(nweetObj.id);
      const data = await dbService.doc(`nweets/${nweetObj.id}`).delete();
      console.log(data);
    }
  };
(...생략...)
```

delete 함수만 추가해서 삭제 기능 구현을 완료했어. 삭제 기능이 잘 동작하는지 확인해 볼까? 〈삭제〉 버튼이 있는 트윗의 〈삭제〉 버튼을 눌러 보자.

〈삭제〉 버튼 눌러 트윗 삭제하기

삭제가 완료된 화면

05-4 트윗 수정 기능 만들기

이번엔 트윗 수정[update] 기능을 구현해 보자. 트윗 수정 기능 구현도 무척 쉬워. 자! 트윗 수정에 필요한 작업은 뭐가 있을까? 〈수정〉 버튼을 눌렀을 때 기존 트윗이 남아 있으면서도 수정할 수 있는 입력란 형태로 바뀌어야 하고, 〈확인〉, 〈취소〉와 같은 버튼도 추가로 필요해.

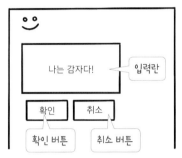

입력란, 〈확인〉, 〈취소〉 버튼을 추가하여 수정할 수 있게 만든 누이터

액션 01 수정 기능을 위한 useState 추가하기

〈수정〉 버튼을 눌렀을 때 화면에 출력해야 하는 요소를 위해서는 2가지 상태를 useState로 관리해야 해. editing, newNweet 상태를 추가하자.

수정해 보자! ./src/components/Nweet.js

```
import { dbService } from "fbase";
import { useState } from "react";

const Nweet = ({ nweetObj, isOwner }) => {
  const [editing, setEditing] = useState(false);
  const [newNweet, setNewNweet] = useState(nweetObj.text);
(...생략...)
```

editing은 〈수정〉 버튼을 클릭했을 때 입력란과 버튼이 나타나는 기준점이야. 토글 상태를 관리하는 거지. newNweet는 토글 상태에서, 다시 말해 입력란과 버튼이 나타날 때 입력란에 기존 트윗이 보이도록 초깃값을 관리하기 위한 상태야. 트윗을 수정할 때 입력란에 기존 트윗이 없으면 사용자 경험이 확 떨어지겠지? 사용자 경험을 더 좋게 만들기 위해 챙겼어. 계속해서 토글 함수를 만들자.

```
(...생략...)
  const onDeleteClick = async () => {
    const ok = window.confirm("삭제하시겠습니까?");
    console.log(ok);
    if (ok) {
      console.log(nweetObj.id);
      const data = await dbService.doc(`nweets/${nweetObj.id}`).delete();
      console.log(data);
    }
  };

  const toggleEditing = () => setEditing((prev) => !prev);

  return (
    <div>
      <h4>{nweetObj.text}</h4>
      {isOwner && (
        <>
          <button onClick={onDeleteClick}>Delete Nweet</button>
          <button onClick={toggleEditing}>Edit Nweet</button>
        </>
      )}
    </div>
  );
};

export default Nweet;
```

이전 상태를 setEditing에 넘겨준 함수의 1번째 인자로 받은 다음 ! 연산자로 이전 상태를
뒤집어 적용했어.

▶ 혹시 이전 상태 관리 방법이 가물가물하면 04-4절을 한 번 더 복습해 보세요.

이제 editing에 따라서 토글할 수 있게 화면을 구성하면 되겠지?

```
(...생략...)
  return (
    <div>
      {editing ? (
        <>
          <form>
            <input value={newNweet} required />
          </form>
          <button onClick={toggleEditing}>Cancel</button>
        </>
      ) : (
        <>
          <h4>{nweetObj.text}</h4>
          {isOwner && (
            <>
              <button onClick={onDeleteClick}>Delete Nweet</button>
              <button onClick={toggleEditing}>Edit Nweet</button>
            </>
          )}
        </>
      )}
    </div>
  );
};


export default Nweet;
```

〈수정〉 버튼을 누르면 editing이 true가 되면서 삼항 연산자의 왼쪽 문이 실행되고, 〈취소〉 버튼을 누르면 editing이 false가 되면서 삼항 연산자의 오른쪽 문이 실행되므로 토글이 제대로 될 거야.

〈수정〉 버튼을 누르면 수정 화면이 나오고, 〈취소〉 버튼을 누르면 원래대로 돌아가는 화면

〈수정〉 버튼, 〈취소〉 버튼을 번갈아 눌러 보면서 결과를 확인해 봐. 특히 〈수정〉 버튼을 누르면 기존 트윗이 입력된 상태부터 수정을 시작할 수도 있어. 이건 newNweet값을 입력란에 적용한 거야. 어때 멋지지?

액션 02 입력란에 onChange 작업하기

입력란에 텍스트를 입력해야 하는 경우 반드시 해야 하는 작업이 있어. 바로 onChange 프롭스, 함수 작업이야. 지금은 onChange 프롭스, 함수 작업을 하지 않았으므로 입력란이 동작하지 않는 것처럼 보일 거야.

아무리 입력해도 입력 결과가 보이지 않는 입력란
(기존 입력값만 남아 있음)

입력란에 입력 결과를 반영하기 위해 onChange 프롭스, 함수 작업을 진행하자.

./src/components/Nweet.js

```
(...생략...)
  const toggleEditing = () => setEditing((prev) => !prev);

  const onChange = (event) => {
    const {
      target: { value },
    } = event;
    setNewNweet(value);
  };

  return (
    <div>
      {editing ? (
        <>
          <form>
            <input onChange={onChange} value={newNweet} required />
          </form>
(...생략...)
```

이렇게 하면 키보드로 입력할 때마다 onChange 함수의 value 인자로 키보드 입력값이 넘어가고, onChange 함수에서는 value값을 newNweet에 반영하므로 입력란에 입력한 텍스트가 바로 보일 거야.

입력값이 바로 보이는 입력란

액션 03 파이어스토어에 새 입력값 반영하기

파이어스토어에 새 입력값을 반영하려면 form 엘리먼트와 onSubmit 함수가 필요해. 계속해서 Nweet 컴포넌트를 수정하자.

수정해 보자! `./src/components/Nweet.js`

```
(...생략...)
  const onChange = (event) => {
    const {
      target: { value },
    } = event;
    setNewNweet(value);
  };

  const onSubmit = (event) => {
    event.preventDefault();
    console.log(nweetObj.id, newNweet);
  };

  return (
    <div>
      {editing ? (
        <>
          <form onSubmit={onSubmit}>
            <input onChange={onChange} value={newNweet} required />
            <input type="submit" value="Update Nweet" />
          </form>
          <button onClick={toggleEditing}>Cancel</button>
        </>
(...생략...)
```

수정을 마치고 〈업데이트〉 버튼을 누르면 onSubmit 함수가 실행되겠지? onSubmit 함수가 실행될 때 트윗 아이디와 트윗에 입력한 텍스트를 파이어스토어로 보내야 해. 우선 콘솔에서 트윗 아이디와 트윗 텍스트가 출력되는지 확인해 보자.

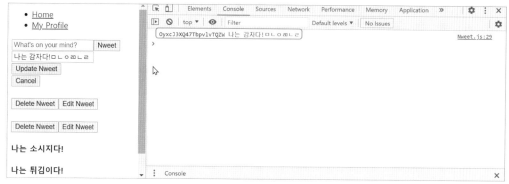

트윗 아이디와 트윗에 입력한 텍스트가 잘 보이는 화면

트윗 아이디와 트윗에 입력한 텍스트가 잘 출력되네. 이제 파이어스토어에 '이 문서의 이 값을 수정해 주세요'라고 요청할 차례지? 수정 기능도 삭제 기능과 비슷하게 코딩하면 돼. 다음과 같이 코드를 수정하자.

수정해 보자! ./src/components/Nweet.js

```
(...생략...)
  const onSubmit = async (event) => {
    event.preventDefault();
    console.log(nweetObj.id, newNweet);
    await dbService.doc(`nweets/${nweetObj.id}`).update({ text: newNweet });
    setEditing(false);
  };
(...생략...)
```

문서를 찾아서   업데이트를 요청하면 돼

삭제와 마찬가지로 문서 자체를 수정하는 것이니 doc(...).update(...)와 같이 코딩하면 돼. 문서 경로 입력 방법은 삭제와 같으니까 설명은 생략할게. 주의할 점은 업데이트하고 싶은 값을 { text: newNweet }와 같은 형태, 즉, 객체로 전달해야 제대로 업데이트되니 실수하지 않도록 해! 그리고 업데이트 작업 이후 editing를 false로 바꿔서 토글을 변경했어. 코드 수정을 마쳤으니 결과를 확인해 볼까?

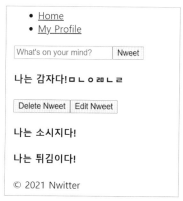

업데이트 완료!

이제 누이터에 수정 기능, 삭제 기능이 완벽하게 적용됐어! 유후!

준지의 보충 수업!

비주얼 스튜디오 코드의 자동 완성 기능으로 파이어베이스를 조금 더 편하게 사용해 보세요

파이어베이스와 같은 라이브러리는 워낙 기능이 많아서 내가 원하는 기능이 어디에 있는지 알기 어렵습니다. 보통은 이런 어려움은 공식 문서를 읽어 봐야 알 수 있죠. 하지만 이 마저도 어려울 때가 많습니다. 문서의 양이 워낙 방대하거든요.

여기에 팁을 얹자면 비주얼 스튜디오 코드의 자동 완성 기능을 활용하면 라이브러리 사용이 훨씬 쉬워집니다. 예를 들어 authService나 dbService를 입력하고 점(.)을 이어 입력하면 비주얼 스튜디오 코드의 자동 완성 기능으로 이후 어떤 함수를 사용할 수 있는지 볼 수 있습니다. 다음의 경우 dbService.를 입력한 후 볼 수 있는 자동 완성 추천 목록입니다. doc까지 선택하고 소괄호 ⎡(⎤을 입력하면 어떤 인자를 입력해야 하는지 함수 상세도 보여주지요.

```
27    dbService.
28              ⬡ INTERNAL       (property) firebase.firestore.Fires…
29    const onSu ⬡ app
30      event.pr ⬡ batch
31      await db ⬡ clearPersistence
32      setEditi ⬡ collection
33    };          ⬡ collectionGroup
34              ⬡ disableNetwork
35    return (   ⬡ doc
36      <div>    ⬡ enableNetwork
37        {editi ⬡ enablePersistence
38         <>    ⬡ loadBundle
39          <f   ⬡ namedQuery
```

dbService. 입력 후 볼 수 있는 자동 완성 추천 목록

```
18    const toggleEd   doc(documentPath: string):
19                     firebase.firestore.DocumentReference<firebase.firestore.D
20    const onChange
21      const {         A slash-separated path to a document.
22        target: {
23      } = event;      Gets a  DocumentReference  instance that refers to the document
24      setNewNweet(    at the specified path.
25    };
26                      @return — The  DocumentReference  instance.
27    dbService.doc()
```

소괄호 입력 후 볼 수 있는 함수 상세

소스 확인

5장을 완료한 상태의 전체 소스를 보려면 vo.la/dazBu에 접속해서 '5장 완료 커밋' 링크를 눌러 변경된 내용을 확인해 보세요.

06

사진 미리 보기, 저장 기능 만들기

이제 트윗 등록^{create}, 트윗 목록 출력^{read}, 트윗 삭제^{delete}, 트윗 업데이트^{update}를 다 만들었어. 어때? 파이어베이스를 이용하니까 코드가 너무 간단해서 놀랐지? 데이터베이스 작업은 파이어베이스에 맡기고 우리는 리액트 코드만 신경 쓰면 되니까 너무 편해. 근데 지금까지의 트윗 기능은 좀 심심해. 글만 입력할 수 있잖아. 그래서 이번에는 사진 저장 기능을 구현해 볼 거야. 여기까지 공부하면 웬만한 웹 애플리케이션은 다 만들 수 있을 거야!

 니꼬샘
강의 보기

https://youtu.be/Jxv_Np2I-ws

06-1 사진 미리 보기 기능 만들기

아, 그런데 사진은 파이어스토어에 저장할 수 없어. 실제로 파이어스토어에 들어가면 문서에 이미지를 등록할 수 없을텐데 이건 여러분이 직접 확인해 봐. 그럼 어떻게 해야 사진을 저장할 수 있을까? 사진의 경우 파이어베이스 스토리지를 사용해야 해. 파이어베이스 스토리지는 파일을 저장하고 불러오는 저장소 역할을 하는데, 이 저장소를 이용하면 누이터에 사진 첨부 기능을 구현할 수 있어. 아무튼! 파이어베이스 스토리지 사용으로 사진 저장 기능을 구현하기 전에 화면 작업부터 진행하자. 사진 미리 보기, 사진 등록, 사진 취소를 구현할 거야.

액션 01 파일 첨부 양식 만들기

누이터에 파일 첨부 양식을 만들자. 웹 브라우저에 파일을 올리려면 input 엘리먼트의 type 속성을 "file"이라고 지정해 주면 돼. Home 컴포넌트를 수정해 보자.

```
수정해 보자!  ./src/components/Home.js

(...생략...)
    <form onSubmit={onSubmit}>
      <input
        value={nweet}
        onChange={onChange}
        type="text"
        placeholder="What's on your mind?"
        maxLength={120}
      />
      <input type="file" accept="image/*" />
      <input type="submit" value="Nweet" />
    </form>
(...생략...)
```

input 엘리먼트는 type 속성을 경우에 맞게 설정하면 텍스트 입력, 파일 첨부 등 다양한 방법으로 쓸 수 있어. 알고 있지? type="file"의 경우 내 컴퓨터에 저장되어 있는 파일을 선택할 수 있게 해줘. 그리고 사진만 등록하고 싶다면 추가로 accept 속성을 사용해야 해. 그러면 첨부 파일의 종류를 제한할 수 있어. 사진만 첨부하게 만들려면 accept="image/*"와 같이 입력하면 돼. 적용된 화면을 확인해 보자.

첨부 파일 양식이 적용된 화면

화면대로 보이면 잘 적용된 거야. 〈파일 선택〉을 눌러서 파일 선택도 해 봐. 사진만 등록하도록 설정했기 때문에 사진만 선택할 수 있을 거야.

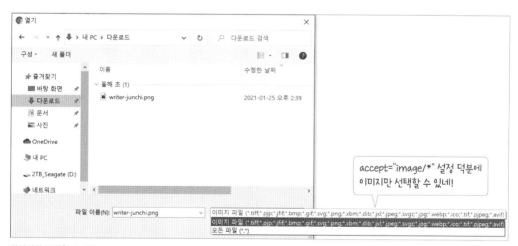

이미지만 선택할 수 있음

파일 첨부 완료 화면

파일 등록이 완료되면 파일 이름이 나타날 거야. 이제 파일 첨부 양식은 잘 적용된 거 같아! 그런데 첨부 파일을 다루려면 몇 가지 알아야 할 것들이 있는데 좀 복잡해. 아무튼 새 트윗에는 사진이 포함될 것이므로 기존 트윗은 삭제하는 게 좋아. footer 엘리먼트도 삭제하자.

액션 02 화면 깔끔하게 정리하기

파이어베이스에서 모든 트윗을 지우고 footer 엘리먼트도 삭제하자.

▶ 파이어스토어에서 컬렉션을 지우고 실습을 진행하세요.

수정해 보자! ./src/components/App.js

```
(...생략...)
  return (
    <>
    {init ? (
      <AppRouter isLoggedIn={isLoggedIn} userObj={userObj} />
    ) : (
      "initializing..."
    )}
    <footer>&copy; {new Date().getFullYear()} Nwitter</footer>
    </>
  );
}


export default App;
```

트윗과 footer 엘리먼트를 정리한 화면

액션 03 **첨부 파일 정보 출력해 보기**

다시 파일 첨부로 돌아와서. 파일을 선택하면 input 엘리먼트에 파일 이벤트가 발생해. 이 이벤트는 onChange 속성, 함수로 감지할 수 있어! 그럼 onChange 속성, 함수로 파일 이벤트에 어떤 내용이 담기는지 확인해 보자.

수정해 보자! ./src/routes/Home.js

```
(...생략...)
  const onChange = (event) => {
    event.preventDefault();
    const {
      target: { value },
    } = event;
    setNweet(value);
  };

  const onFileChange = (event) => {
    console.log(event.target.files);
  };

  return (
    <>
      <form onSubmit={onSubmit}>
        <input
          value={nweet}
          onChange={onChange}
          type="text"
          placeholder="What's on your mind?"
          maxLength={120}
        />
        <input type="file" accept="image/*" onChange={onFileChange} />
        <input type="submit" value="Nweet" />
      </form>
(...생략...)
```

파일 첨부를 위한 `onChange` 속성에 적용할 함수 이름을 `onFileChange`라고 정의했어. `onChange`는 예전에 트윗 등록, 트윗 수정을 위해 사용한 이름이거든. 트윗 등록, 트윗 수정을 위한 `onChange`의 경우 `event.target.value`와 같이 이벤트값을 얻었지? 파일 이벤트의 경우는 조금 달라. 실제로 `event.target.value`을 사용하면 콘솔에 파일 경로가 출력되기는 하는데 웹 브라우저 보안 정책 상 실제 경로를 표시하면 안 되므로 상세 경로가 숨겨진 상태로 출력돼. 그럼 파일 관련 내용을 확인하고 싶다면 어떻게 해야 할까? 코드를 수정했다면 알겠지만 `event.target.files`와 같이 `files`라는 파일 배열을 참고해야 해. 코드 수정을 마치면 실제로 파일을 등록한 다음 콘솔을 확인해 보자.

콘솔에 출력된 event.target.files

콘솔에 FileList가 출력될 거야. 펼쳐서 보면 파일 관련 정보가 들어 있어. 이 값을 이용해서 파일 미리 보기, 파일 등록 기능을 구현할 거야. 우선 Home 컴포넌트 수정을 마치자.

수정해 보자! `./src/routes/Home.js`

```
(...생략...)
  const onFileChange = (event) => {
    console.log(event.target.files);
    const {
      target: { files },
    } = event;
    const theFile = files[0];
  };
(...생략...)
```

위와 같이 코드를 수정하면 `theFile`에 파일 관련 정보가 저장될 거야. `files`가 배열인 이유는 `input` 엘리먼트의 `multiple` 속성을 대비하기 위함이야. 파일을 여러 개 선택하면 배열로 파일 정보를 보여줘야 할 테니까. 우리의 경우는 1개의 파일만 선택했지만, 어쨌든 `files`는 배열 형태이므로 `files[0]`와 같이 배열을 풀어서 `theFile`에 저장해야 해.

웹 브라우저에 사진 출력해 보기

이제 미리 보기 기능을 구현해 보자. 앞에서 얻은 파일을 어떻게 웹 브라우저에 출력할 수 있을까? 왠지 막막하지 않아? 이런 상황에서 사용할 수 있는 브라우저 API를 사용해 보자. 바로 FileReader야.

```
수정해 보자!  ./src/routes/Home.js

(...생략...)
  const onFileChange = (event) => {
    const {
      target: { files },
    } = event;
    const theFile = files[0];
    const reader = new FileReader();
  };
(...생략...)
```

FileReader는 new FileReader()와 같이 new 키워드와 함께 사용해야 해. 위와 같이 코드를 작성하면 reader.과 같이 입력해서 FileReader에서 제공하는 함수를 사용할 수 있어. 우리가 처음으로 사용해 볼 함수는 readAsDataURL이야.

```
수정해 보자!  ./src/routes/Home.js

(...생략...)
    const theFile = files[0];
    const reader = new FileReader();
    reader.readAsDataURL(theFile);
(...생략...)
```

readAsDataURL 함수는 파일 정보를 인자로 받아서 파일 위치를 URL로 반환해 줘. 아하, 그러면 파일의 URL과 img 엘리먼트를 이용해서 사진을 웹 브라우저에 출력할 수 있겠네! 하지만 readAsDataURL 함수는 단순히 호출하는 방식으로 사용할 수 없어. **이 함수는 리액트 생명주기 함수처럼 파일 선택 후 '웹 브라우저가 파일을 인식하는 시점', '웹 브라우저 파일 인식이 끝난 시점' 등을 포함하고 있어서 시점까지 함께 관리해 줘야** URL을 얻을 수 있어. 코드를 수정해 보자.

```
(...생략...)
    const theFile = files[0];
    const reader = new FileReader();
    reader.onloadend = (finishedEvent) => {
      console.log(finishedEvent);
    };
    reader.readAsDataURL(theFile);
(...생략...)
```

onloadend의 경우 readAsDataURL 함수에 전달할 인자, 즉, 파일이 함수로 들어간 이후 결괏값이 나온 다음 상황을 감지하는데, 그때 생긴 이벤트값을 사용할 수 있게 해줘. 이벤트값에는 우리가 원하는 파일 URL이 있고 말야. onloadend에서 콘솔에 이벤트에 어떤 것이 들어 있는지 확인해 보자.

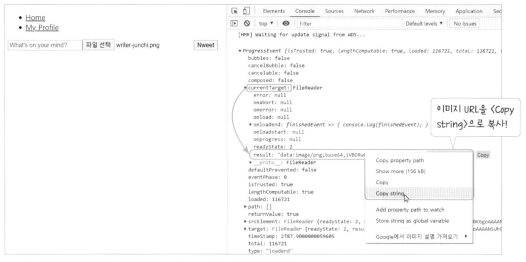

onloadend에서 이벤트값을 확인한 모습, target, currentTarget에 URL이 있음

currentTarget 항목을 펼치면 result 항목이 있는데 바로 여기에 URL이 있어. result 항목에서 문자열에 마우스를 올리고 오른쪽 버튼을 클릭해서 〈Copy string〉 메뉴를 눌러. 그러면 URL을 복사해 주는데, 이걸 주소 창에 붙여 넣은 다음 Enter 를 눌러 이동해 봐. 그럼 이미지가 보일 거야!

▶ 이미지 URL은 반드시 안내한대로 복사하세요.

이미지 확인

아마 이쯤되면 '이미지 URL 하나를 얻기 위한 작업이 왜 이렇게 복잡한 거지?'라는 생각이 들수도 있어. 하지만 이 과정은 해킹, 보안 문제 때문에 필수야. 보안을 위해 꼭 필요한 작업이니 반드시 공부하고 넘어가면 좋겠어.

액션 05 사진 미리 보기를 구현해 보자!

URL을 사용해서 사진 미리 보기를 구현해 볼 거야. 사진 미리 보기는 파이어베이스에 사진을 저장하기 전에 확인하는 기능이므로 컴퓨터에서 파일 위치만 참조하면 돼. URL을 관리하기 위한 상태만 있으면 되겠지? useState로 상태를 추가하자.

수정해 보자! `./src/routes/Home.js`

```
(...생략...)
const Home = ({ userObj }) => {
  const [nweet, setNweet] = useState("");
  const [nweets, setNweets] = useState([]);
  const [attachment, setAttachment] = useState("");
(...생략...)
```

이어서 URL을 얻는 코드에서 **setAttachment** 함수로 상태를 업데이트하자.

수정해 보자! `./src/routes/Home.js`

```
(...생략...)
  const onFileChange = (event) => {
    const {
      target: { files },
    } = event;
    const theFile = files[0];
    const reader = new FileReader();
    reader.onloadend = (finishedEvent) => {
      console.log(finishedEvent);
      const {
        currentTarget: { result },
      } = finishedEvent;
      setAttachment(result);
    };
    reader.readAsDataURL(theFile);
  };
(...생략...)
```

currentTarget 항목에 이미지 URL을 포함한 result 항목이 있었지? 이 값을 바로 얻기 위해서 구조 분해 할당을 사용했어. 이어서 attatchment가 있는 경우에만 img 엘리먼트를 출력하도록 코드를 작성해 보자.

./src/routes/Home.js

```
(...생략...)
  <input type="file" accept="image/*" onChange={onFileChange} />
  <input type="submit" value="Nweet" />
  {attachment && <img src={attachment} width="50px" height="50px" />}
(...생략...)
```

아직은 스타일을 작성하지 않았으므로 img 엘리먼트의 스타일을 임시로 작성해 주었어. 가로, 세로 크기를 50px로 고정했지. 이제 누이터로 돌아가서 사진을 선택해 보자.

미리 보기 성공!

파일 선택 취소 버튼 만들기

자 이번에는 파일 선택을 취소할 수 있도록 〈취소〉 버튼을 만들어 보자. 미리 보기 위치 근처에 〈취소〉 버튼을 하나 만들면 돼. 그리고 파일 취소 적용을 위해 onClearAttachment 함수도 추가하자.

./src/routes/Home.js

```
(...생략...)
  const onClearAttachment = () => setAttachment("");

  return (
    <>
      <form onSubmit={onSubmit}>
        <input
          value={nweet}
          onChange={onChange}
          type="text"
```

```
                    placeholder="What's on your mind?"
                    maxLength={120}
                  />
                  <input type="file" accept="image/*" onChange={onFileChange} />
                  <input type="submit" value="Nweet" />
                  {attachment && (          소괄호 여닫는 것 추가되었으니 잊지 말고 입력해!
                    <div>
                      <img src={attachment} width="50px" height="50px" />
                      <button onClick={onClearAttachment}>Clear</button>
                    </div>
                  )}
              </form>
        (...생략...)
```

코드는 간단해. onClick 프롭스로 setAttachment 함수를 전달하고, setAttachment 함수는
attatchment를 ""로 지정하면 되는 거야.

〈취소〉 버튼을 누르기 전

〈취소〉 버튼을 누른 후

〈취소〉 버튼이 잘 동작하지? 사진 미리 보기 구현이 끝났어! 그럼 파이어베이스 스토리지로
사진을 저장해 보자.

06-2 사진 저장 기능 만들기

파이어스토어는 파일 저장에 적합하지 않고, 사진, 동영상 같은 파일을 저장하려면 파이어베이스 스토리지를 사용해야 한다고 했었어. 파이어베이스 스토리지는 사진, 동영상 같은 덩치가 큰 파일을 저장했다가 필요할 때 꺼내서 사용할 수 있게 해주는 곳이야.

액션 01 파이어베이스 스토리지 임포트하기

인증, 파이어스토어를 임포트했던 것처럼 fbase.js 파일에 파이어베이스 스토리지를 임포트해 보자.

수정해 보자! ./src/fbase.js

```
import firebase from "firebase/app";
import "firebase/auth";
import "firebase/firestore";
import "firebase/storage";

(...생략...)

export const firebaseInstance = firebase;
export const authService = firebase.auth();
export const dbService = firebase.firestore();
export const storageService = firebase.storage();
```

파이어베이스의 서비스를 임포트할 때는 항상 관련 서비스 묶음을 따로 임포트해야 한다고 했었지? import "firebase/storage"; **입력을 잊지 마. 입력 후에는 npm start로 리액트 서버를 다시 구동해야 해.** 아참, 앞으로 파이어베이스 스토리지는 그냥 스토리지라고 부를 게.

액션 02 스토리지 간단하게 사용해 보기

스토리지를 간단하게 사용해 보자. 스토리지를 사용하기에 앞서 스토리지 코드에 더 집중할 수 있도록 파이어스토어 관련 코드를 주석으로 만들자.

./src/routes/Home.js

```
(...생략...)
  const onSubmit = async (event) => {
    event.preventDefault();
    /* await dbService.collection("nweets").add({
      text: nweet,
      createdAt: Date.now(),
      creatorId: userObj.uid,
    });
    setNweet(""); */
  };
(...생략...)
```

이렇게 하면 onSubmit 함수의 파이어스토어 코드가 실행되지 않겠지? 여기에 스토리지 관련
코드를 작성해서 테스트할 거야. 파일 수정을 완료했어? 그럼 잠시 스토리지와 파이어스토어
의 차이점을 말해 볼 게. 우리의 누이터 관련 차이점만 말하자면 스토리지는 문서에 아이디를
자동으로 만들어 주지 않아. 개발자가 이런 부분을 직접 구현해야 하지. 다시 말하자면 고유
식별자를 만들어서 스토리지에 저장할 데이터에 짝을 지어줘야 해. 아마 이쯤 되면 '랜덤 함
수를 사용하면 되겠네'라고 생각하는 사람이 있을 거야. 하지만 우리는 더 멋진 방법으로 고
유 식별자를 구현할 거야. 바로 UUID 라이브러리를 사용하는 거지.

액션 03 고유 식별자를 만들어주는 UUID 라이브러리 설치하기
UUID는 범용 고유 식별자^{universaly unique identifier}야. 쉽게 아이디 라이브러리라고 생각하
면 돼. UUID를 설치하자.

터미널 ─ □ ✕

```
> npm install uuid
```

아참, UUID의 경우 버전이 달라지면 사용 예시가 바뀔 수 있는데, 깃허브 Readme 문서에
있는 Create a UUID 항목을 보고 컴포넌트로 UUID를 불러 보자.

▶ 깃허브 UUID Readme 문서: github.com/uuidjs/uuid#readme

:≡　README.md

Quickstart

To create a random UUID...

1. Install

```
npm install uuid
```

2. Create a UUID (ES6 module syntax) ─── 이 항목을 참조해서 UUID를 사용할 거야.

```
import { v4 as uuidv4 } from 'uuid';
uuidv4(); // ⇨ '9b1deb4d-3b7d-4bad-9bdd-2b0d7b3dcb6d'
```

... or using CommonJS syntax:

```
const { v4: uuidv4 } = require('uuid');
uuidv4(); // ⇨ '1b9d6bcd-bbfd-4b2d-9b5d-ab8dfbbd4bed'
```

For timestamp UUIDs, namespace UUIDs, and other options read on ...

깃허브 UUID Readme 문서

액션 04　UUID 임포트하기

Readme에서 안내한대로 UUID를 임포트해 보자. 임포트 이후 UUID 사용 방법은 간단해. `uuidv4` 함수를 실행하기만 하면 되거든.

> **수정해 보자!**　./src/routes/Home.js
>
> ```
> import { dbService } from "fbase";
> import { useEffect, useState } from "react";
> import Nweet from "components/Nweet";
> import { v4 as uuidv4 } from "uuid";
> (...생략...)
> ```

액션 05　스토리지 레퍼런스 사용해 보기

스토리지는 레퍼런스라고 하는 경로 시스템을 가지고 있어. 레퍼런스를 통해 경로를 생성하면 이 경로를 이용해서 파일을 업로드하거나 지우는 등의 작업을 할 수 있어. 파이어스토어는 '컬렉션/문서 아이디'와 같이 경로를 표현했었지? 스토리지의 레퍼런스에도 아이디가 필요해. 다만 파이어스토어의 문서 아이디처럼 자동으로 해주지 않으므로 우리가 직접 아이디를 만들어 줘야 하는 거지. 그럼 레퍼런스를 통해 어떻게 경로를 만들고, 사진을 업로드할 수 있는지 알아보자. 우선 스토리지도 임포트하자.

```
import { dbService, storageService } from "fbase";
import { useEffect, useState } from "react";
import Nweet from "components/Nweet";
import { v4 as uuidv4 } from "uuid";
(...생략...)
```

아직은 스토리지가 무엇인지 개념이 잘 잡히지 않을 거야. 스토리지는 그냥 컴퓨터에 있는 하드 디스크랑 비슷해. 하드 디스크에 폴더를 만들고, 파일을 저장하는 것처럼 사용하면 되는 거지. 스토리지에 사용자 아이디로 폴더를 만들고, 폴더 안에 UUID로 파일 이름을 정해서 저장하는 거야. 그리고 이 작업은 모두 레퍼런스 함수를 통해서 하는 거고.

storageService.ref().child(...)와 같이 스토리지 레퍼런스의 함수인 child를 사용하면 폴더, 파일 이름을 설정할 수 있어. 그럼 Home 컴포넌트를 다음과 같이 수정해 보자.

```
(...생략...)
  const onSubmit = async (event) => {
    event.preventDefault();
    /* await dbService.collection("nweets").add({
      text: nweet,
      createdAt: Date.now(),
      creatorId: userObj.uid,
    });
    setNweet(""); */
    storageService.ref().child(`${userObj.uid}/${uuidv4()}`);
  };
(...생략...)
```

입력한 코드는 스토리지, 레퍼런스를 순서대로 호출한 다음 child 함수에 사용자 아이디를 폴더 이름으로, 파일 이름을 uuidv4로 처리한 거야. 파일 확장자의 경우 업로드 과정에서 자동으로 설정되니까 생략했어.

액션 06 스토리지에 사진 저장해 보기

이제 파일 업로드를 해볼 차례야. 앞에서 우리가 사진 파일을 URL로 변환하려고 애썼던 이유는 지금 사용할 스토리지에서 제공 함수 putString 때문이기도 해. putString 함수에 URL을 인자로 전달하기만 하면 해당 파일이 스토리지에 바로 저장되거든. 아주 유용한 함수야. 그리고 URL은 attachment에 저장되어 있었어. 이를 이용해서 코드를 수정해 보자.

수정해 보자! ./src/routes/Home.js

```
(...생략...)
  const onSubmit = async (event) => {
    event.preventDefault();
    /* await dbService.collection("nweets").add({
      text: nweet,
      createdAt: Date.now(),
      creatorId: userObj.uid,
    });
    setNweet(""); */
    const attachmentRef = storageService
      .ref()
      .child(`${userObj.uid}/${uuidv4()}`);
    const response = await attachmentRef.putString(attachment, "data_url");
    console.log(response);
  };
(...생략...)
```

await attachmentRef.putString(...)으로 작성한 부분이 보이지? 레퍼런스를 attachmentRef에 저장한 다음 putString 함수를 사용했어. 그리고 파이어베이스와 소통해야 하므로 비동기 처리를 위해 await 문을 사용했고. putString의 첫 번째 인자는 파일 URL, 두 번째 인자는 첫 번째 인자의 형식을 문자열로 전달한 거야. 결과를 한 번 살펴볼까?

파일 업로드 결과.

파일 업로드 성공!

〈파일 선택〉을 누른 다음, 파일을 선택하고 〈Nweet〉을 누르면 파일 업로드에 성공하고 콘솔에 UploadTaskSnapshot 항목이 나타날 거야. 항목을 펼쳐 보면 state: "success"라는 성공메시지가 보일 거고. 파일 업로드가 정말도 됐는지도 확인해 보자.

Storage에서 확인한 파일

스토리지에 파일이 보이지? 파일이 업로드된 거야!

액션 07 스토리지에서 사진 불러오기

이제 사진을 불러오려면 어떻게 해야 할까? 바로 `response.ref.getDownloadURL` 함수를 사용해야 해. 다음과 같이 코드를 수정해 볼까?

수정해 보자! ./src/routes/Home.js

```
(...생략...)
  const onSubmit = async (event) => {
    event.preventDefault();
    /* await dbService.collection("nweets").add({
      text: nweet,
      createdAt: Date.now(),
      creatorId: userObj.uid,
    });
    setNweet(""); */
    const attachmentRef = storageService
      .ref()
      .child(`${userObj.uid}/${uuidv4()}`);
    const response = await attachmentRef.putString(attachment, "data_url");
    console.log(await response.ref.getDownloadURL());
  };
(...생략...)
```

response.ref를 통해 레퍼런스를 이용할 수 있고, 이 레퍼런스는 스토리지 레퍼런스가 아닌 스냅샷 레퍼런스야. 스토리지에서 ref(...)와 같이 함수 호출 형식으로 사용했던 것과 사용 형태가 다른 이유는 그냥 둘이 달라서 그래. getDownloadURL 함수는 파일을 다운로드할 수 있는 스토리지의 URL을 반환해. 새로고침해서 트윗, 파일을 다시 업로드하고 〈트윗〉을 누른 다음 콘솔을 다시 볼까?

콘솔에 출력된 스토리지 URL

주소가 보이지? 이걸 복사해서 주소 창에 입력해 봐. 우리가 업로드한 사진이 나올 거야. 파일 업로드까지 성공! 축하해!

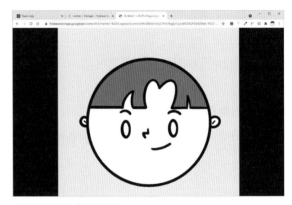

주소로 이동하여 확인한 결과

액션 08 **사진을 포함한 트윗 결과 화면에 출력하기**

파일 URL을 받는 방법을 알았으니까 이제 이걸 이용해야 해. 나의 경우 파이어스토어에 파일 URL을 포함시킬 거야.

수정해 보자! **./src/routes/Home.js**

```
(...생략...)
  const onSubmit = async (event) => {
    event.preventDefault();
(...생략...)
    const attachmentRef = storageService.ref().child(`${userObj.uid}/${uuidv4()}`);
    const response = await attachmentRef.putString(attachment, "data_url");
    const attachmentUrl = await response.ref.getDownloadURL();
(...생략...)
```

console.log 함수로 출력했던 부분을 변경했어.

attachmentURL을 파이어스토어 저장 로직에서 사용하면 되겠지? 다시 주석 처리했던 트윗 업로드 로직을 되돌린 다음 코드를 다듬어 보자. 주의할 점은 트윗 업로드 로직이 attachmentURL 다음에 위치하도록 해야 해.

수정해 보자! `./src/routes/Home.js`

```
(...생략...)
  const onSubmit = async (event) => {
    event.preventDefault();
    const attachmentRef = storageService
      .ref()
      .child(`${userObj.uid}/${uuidv4()}`);
    const response = await attachmentRef.putString(attachment, "data_url");
    const attachmentUrl = await response.ref.getDownloadURL();
    await dbService.collection("nweets").add({
      text: nweet,
      createdAt: Date.now(),
      creatorId: userObj.uid,
      attachmentUrl,
    });
    setNweet("");
    setAttachment("");   ← attachment 초기화도 잊지 마!
  };
(...생략...)
```

누이터 화면에 사진을 보여주는 건 정말 간단해. 파이어스토어의 사진 URL을 img 엘리먼트의 src 속성에 넣어 주기만 하면 되니까. 다음과 같이 수정해 보자.

수정해 보자! `./src/component/Nweet.js`

```
(...생략...)
  return (
    <div>
      <h4>{nweetObj.text}</h4>
      {nweetObj.attachmentUrl && (
        <img src={nweetObj.attachmentUrl} width="50px" height="50px" />
      )}
      {isOwner && (
        <>
```

```
        <button onClick={onDeleteClick}>Delete Nweet</button>
        <button>Edit Nweet</button>
      </>
    )}
  </div>
);
(...생략...)
```

nweetObj.attachmentUrl이 있으면 img 엘리먼트를 출력하도록 만들었어. 폭과 높이는 50px
로 설정했고. 이제 제대로 트윗을 올려 볼 시간이야!

트윗 성공!

글, 사진이 포함된 트윗이 제대로 출력되지?

액션 09 코드 다듬기

기능은 제대로 확인을 했으니 완벽하게 코드를 다듬어 보자. 지금 우리가 작성한 코드
는 사진 파일 유무와 상관없이 레퍼런스를 생성해. 이건 그냥 두면 문제가 생길 거야. 코드를
고쳐 보자.

수정해 보자! ./src/src/routes/Home.js

```
(...생략...)
  const onSubmit = async (event) => {
    event.preventDefault();
    let attachmentUrl = "";
    if (attachment !== "") {
      const attachmentRef = storageService
        .ref()
        .child(`${userObj.uid}/${uuidv4()}`);
```

```
      const response = await attachmentRef.putString(attachment, "data_url");
      const attachmentUrl = await response.ref.getDownloadURL();
    }
    await dbService.collection("nweets").add({
      text: nweet,
      createdAt: Date.now(),
      creatorId: userObj.uid,
      attachmentUrl,
    });
    setNweet("");
    setAttachment("");
  };
(...생략...)
```

let attachmentUrl = ""와 같이 기본값을 빈 문자열로 했어. 이후 변숫값 변경을 위해 let 키워드로 변수를 정의한 것도 참고해. 이렇게 하면 attachment값이 있을 때만 스토리지에 파일을 등록할 수 있어. 또 한 가지 주의할 점은 if 문 안에서 attachmentUrl을 정의하면 안 된다는 거야. 그렇게 하면 attachmentUrl은 if 문 안에서만 참조해야 하는 변수가 되거든. 그러면 add 함수에서 attachmentUrl을 사용할 수 없겠지? 이 개념은 ES6의 스코프^{scope}를 공부해야 이해할 수 있는데, 혹시 모르는 사람은 잠시 인터넷에서 공부하고 돌아와도 돼.

▶ 자바스크립트 스코프: ko.javascript.info/closure

액션 10 트윗 삭제 시 사진을 스토리지에서 삭제하기

지금의 경우 트윗을 삭제하면 사진이 삭제되지 않아. 왜냐고? 트윗은 파이어스토어에 있으니까. 스토리지에 업로드된 파일은 그대로 있겠지? 스토리지에 불필요한 파일을 저장할 필요는 없을 거야. 과금 요소가 될 수도 있고. 트윗을 삭제할 때 스토리지에 저장된 파일도 삭제하자. 스토리지의 파일을 삭제하려면 파일의 위치를 알아야 해. 그런데 우리는 파일 URL만 알고 있지? 파일 URL은 스토리지의 파일 위치를 의미하지 않아. 뭔가 다른 방법이 필요하겠네. 다행히 파이어베이스는 이런 상황에서 사용할 수 있는 멋진 함수를 준비했어. 코드를 수정해 보자.

```
import { dbService, storageService } from "fbase";
import { useState } from "react";

const Nweet = ({ nweetObj, isOwner }) => {
  const onDeleteClick = async () => {
    const ok = window.confirm("삭제하시겠습니까?");
    console.log(ok);
    if (ok) {
      console.log(nweetObj.id);
      const data = await dbService.doc(`nweets/${nweetObj.id}`).delete();
      console.log(data);
      if (nweetObj.attachmentUrl !== "")
        await storageService.refFromURL(nweetObj.attachmentUrl).delete();
    }
  };
(...생략...)
```

await storageService.refFromURL(...).delete()와 같이 refFromURL 함수를 사용하면
attachmentUrl만으로 스토리지에서 해당 파일의 위치를 바로 찾아 삭제할 수 있어.
attachmentUrl이 없는 경우 역시 예외 처리해 줬고. 결과를 함께 살펴볼까?

▶ 기존에 업로드한 이미지인 경우 스토리지에서 삭제되지 않을 수 있습니다. 그런 경우에는 새로 이미지를 등록하고 삭제하는 과정으로 기능을 확인해 보세요.

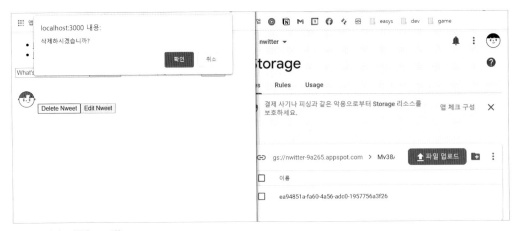

트윗의 〈삭제〉 버튼을 누르면?

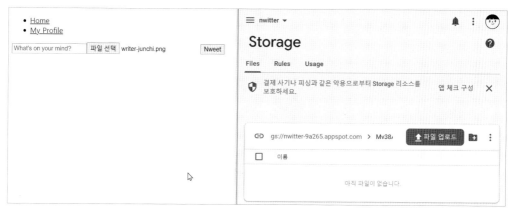

스토리지 파일도 삭제 됨!

소스 확인 | 6장을 완료한 상태의 전체 소스를 보려면 vo.la/dazBu에 접속해서 '6장 완료 커밋' 링크를 눌러 변경된 내용을 확인해 보세요.

07

프로필 페이지와
필터링 기능 만들기

이번에는 프로필 페이지와 필터링 기능을 만들 차례야. 프로필 페이지에는 로그인한 사용자의 프로필을 관리하는 기능을, 트윗 목록을 볼 수 있는 메인 페이지에는 내가 트윗한 목록만 볼 수 있는 필터링 기능을 만들 거야. 특히 필터링 기능을 만들게 되면 데이터 정렬 방법을 이해할 수 있어. 이 내용은 아마 나중에 다른 애플리케이션을 만들 때 큰 도움이 될 거야. 그럼 계속 나아가 보자.

 니꼬샘
강의 보기

https://youtu.be/wvY5PVX6uxY

07-1 내가 쓴 트윗만 보기

이번에는 내가 쓴 트윗만 볼 수 있는 기능, 일명 트윗 필터링 기능을 만들어 볼 거야. 파이어스토어에서 로그인한 사람의 아이디와 트윗 작성자 아이디가 같은 트윗만 화면에 출력하면 되겠지? 그러려면 파이어스토어에 쿼리 문을 보낼 줄 알아야 해. '쿼리'라는 용어가 나와서 '데이터베이스 쿼리 문법을 새로 공부해야 하나?'라는 생각을 할 수도 있는데… 그렇지 않아. 우리는 파이어베이스를 쓰고 있으니까. 파이어베이스는 쿼리를 위한 라이브러리도 잘 준비되어 있어. 그럼 바로 시작해 볼까?

액션 01 파일 정리하기

트윗 필터링 기능은 내가 쓴 트윗만 보는 기능이니까 Profile 컴포넌트에 구현할 거야. 그런데 routes 폴더에 EditProfile.js 파일을 생성했던 것 기억나? 파일만 생성 이후 지금까지 이 파일은 한 번도 사용한 적이 없었어. 앞으로도 이 파일은 필요 없을 것 같으니 삭제하자.

EditProfile.js 파일 삭제하기

그리고 추가 작업! Profile 컴포넌트에는 로그아웃 기능만 있는데 로그아웃 기능은 '파이어베이스에 모든 연결을 그냥 끊어버리는 방식'으로 구현했어. 그래서 Profile 컴포넌트에는 다른 데이터가 필요하지 않았지. 프롭스나 뭐 그런 것들 말야. 하지만 Profile 컴포넌트에 로그인한 사용자의 프로필을 보여주려면 사용자 정보가 필요해. 그래. 지금까지 사용자 정보는

userObj를 라우터에서 프롭스로 받아왔었지? 같은 방법으로 프롭스를 가지고 오면 되겠네. 우선 라우터에서 userObj를 Profile 컴포넌트에 넘겨보자.

수정해 보자! ./src/components/Router.js

```
(...생략...)
  <>
    <Route exact path="/">
      <Home userObj={userObj} />
    </Route>
    <Route exact path="/profile">
      <Profile userObj={userObj} />
    </Route>
  </>
(...생략...)
```

간단하지? Profile 컴포넌트에 userObj 프롭스를 전달했어. 이어서 Profile 컴포넌트가 userObj 프롭스를 받을 수 있도록 코드를 수정하자.

수정해 보자! ./src/routes/Profile.js

```
(...생략...)
const Profile = ({ userObj }) => {
(...생략...)
```

프롭스로 userObj를 받았어. 이제 프로필 페이지 준비 작업은 끝이야. 이제 로그인한 사용자가 쓴 트윗 목록, 필터링 기능을 구현해 보자.

액션 02 트윗 필터링 기능 구현하기

바로 코드를 작성해 볼까? 로그인한 사용자의 트윗만 가지고 오는 함수를 만들어 보자. 일단 Profile 컴포넌트가 렌더링될 때, 즉, 프로필로 이동했을 때 뭔가 작업들이 진행되어야 하겠지? 그럴 때는 useEffect의 두 번째 인자에 빈 배열 []을 전달하면 된다고 했어.

수정해 보자! ./src/routes/Profile.js

```
import { authService } from "fbase";
import { useEffect } from "react";
import { useHistory } from "react-router-dom";
```

```
const Profile = ({ userObj }) => {
  const history = useHistory();

  const onLogOutClick = () => {
    authService.signOut();
    history.push("/");
  };

  useEffect(() => {}, []);
```

> profile 컴포넌트가 렌더링된 이후 실행될 함수!

```
  return (
    <>
      <button onClick={onLogOutClick}>Log Out</button>
    </>
  );
};


export default Profile;
```

이렇게 하면 Profile 컴포넌트가 렌더링된 이후 **useEffect**의 첫 번째 인자로 넘겨준 함수가 실행되며 필요한 작업을 진행할 수 있어. 지금의 경우 로그인한 사용자의 트윗만 골라 화면에 출력하도록 코드를 구현하면 되겠지? 이 작업을 위한 함수를 만들어 보자.

수정해 보자! ./src/routes/Profile.js

```
import { authService, dbService } from "fbase";
(...생략...)
  const onLogOutClick = () => {
    authService.signOut();
    history.push("/");
  };

  const getMyNweets = async () => {
    const nweets = await dbService.collection("nweets");
  };
(...생략...)
```

dbService를 통해 nweets 컬렉션을 가져오는 작업을 한 거야. 트윗은 모두 nweets 컬렉션에 있으니까. 이제 파이어베이스가 제공하는 쿼리 함수 where을 사용할 시간이야. 계속해서 코드를 수정해 보자.

./src/routes/Profile.js

```
(...생략...)
  const getMyNweets = async () => {
    const nweets = await dbService
      .collection("nweets")
      .where("creatorId", "==", userObj.uid);
  };
(...생략...)
```

이름만 봐도 이 함수의 역할이 짐작되지? 실제로 where 함수는 뭔가를 찾는 역할을 해. where 함수는 필드, 조건, 찾으려는 값 순서로 인자를 전달해서 사용하면 되는 함수야. 지금의 경우 where 함수로 "creatorId" 필드에서, userObj.uid와, 같은 값을 찾기 위한 표현을 한 거야. 함수 정보가 궁금하다면 비주얼 스튜디오 코드의 도움말 기능을 참고하면 돼. 아마 where(까지 입력하면 도움말로 함수의 명세를 볼 수 있을 거야.

```
 4
 5    const Profile     where(fieldPath: string | firebase.firestore.FieldPath,
 6      const histo      opStr: firebase.firestore.WhereFilterOp, value: any):
 7                       firebase.firestore.Query<firebase.firestore.DocumentData>
 8      const onLog
 9        authServi      The path to compare
10        history.p      Creates and returns a new Query with the additional filter that
11      };               documents must contain the specified field and the value should
12      const getMy     satisfy the relation constraint provided.
13        const nwe
14          .collec      @return — The created Query.
15          .where()
16      };
17
```

'where('을 입력하면 자동으로 ')'까지 입력되며 나타나는 도움말

첫 번째 인자인 fieldPath는 문자열로 입력해야 한다고 하네. 설명은 비교할 경로[The path to compare]라고 되어 있어. 쉽게 말해서 필드의 경로를 문자열로 입력하라는 거야.

두 번째 인자는 첫 번째 인자와 비교할 대상(세 번째 인자)과의 관계를 문자열로 입력해야 해. 지금의 경우 로그인한 사용자와 동일한 아이디를 찾아야 하므로 "=="를 입력했어. 사용할 수 있는 연산자의 종류는 두 번째 인자를 입력해야 할 때 도움말에서 확인할 수 있을 거야.

```
 5    const Profile = ({ userObj
 6      const history = useHisto         where(fieldPath: string | firebase.firestore.FieldPath,
 7                                       opStr: firebase.firestore.WhereFilterOp, value: any):
 8      const onLogOutClick = ()         firebase.firestore.Query<firebase.firestore.DocumentData:
 9        authService.signout();
10        history.push("/");            The operation string (e.g "<", "<=", "==", ">", ">=").       두 번째 인자 관련 설명.
11      };
                                        Creates and returns a new Query with the additional filter that
13      const getMyNweets = asyn        documents must contain the specified field and the value should
14    💡  const nweets = await d        satisfy the relation constraint provided.
15          .collection("nweets"        @return — The created Query.
16          .where("creatorId", )
17      };
```

두 번째 인자 도움말, 연산자 종류를 확인할 수 있음(The operation string ... 부분 확인)

세 번째 인자에는 첫 번째 인자, 두 번째 인자를 참고하여 비교할 값을 입력하면 돼. 지금의 경우 creatorId 필드와 같은 값을 비교하기 위한 값인 로그인한 사용자의 아이디, 즉, userObj. uid를 입력하면 되겠네. 어때 별로 어렵지 않지? 계속해서 쿼리 함수를 사용해 보자.

액션 03 정렬 쿼리 사용해 보기

where 함수를 통해 로그인한 사용자의 트윗 목록만 가져올 수 있게 되었는데... 트윗 목록을 오름차순 또는 내림차순으로 정렬하려면 어떻게 해야 할까? 그래. orderBy 함수를 사용하면 돼.

수정해 보자! ./src/routes/Profile.js

```
(...생략...)
  const getMyNweets = async () => {
    const nweets = await dbService
      .collection("nweets")
      .where("creatorId", "==", userObj.uid)
      .orderBy("createdAt", "asc");
(...생략...)
```

orderBy 함수는 정렬 기준 필드, 정렬 방법을 문자열로 전달받아. 지금의 경우 첫 번째 인자는 "createdAt", 두 번째 인자는 오름차순인 "asc"을 전달했어.

▶ 오름차순 asc는 오름차순(ascending)을 줄인 표현입니다.

▶ 내림차순 desc는 내림차순(descending)을 줄인 표현입니다.

액션 04 필터링한 트윗 목록 콘솔에 출력해 보기

이제 필터링한 트윗 목록을 콘솔에 출력해 보자. 액션 03까지 작성한 쿼리 문을 실행시키려면 get 함수를 사용해야 해. 정리해서 말하자면 get 함수는 쿼리 문을 통해 얻은 결과물을 가져오는 함수야.

> **수정해 보자!** ./src/routes/Profile.js

```
(...생략...)
  const getMyNweets = async () => {
    const nweets = await dbService
      .collection("nweets")
      .where("creatorId", "==", userObj.uid)
      .orderBy("createdAt", "asc")
      .get();

    console.log(nweets.docs.map((doc) => doc.data()));
  };

  useEffect(() => {
    getMyNweets();
  }, []);
(...생략...)
```

get 함수가 반환한 결과물에서 우리가 사용할 수 있는 것만 배열로 추출하기 위해 map 함수를 사용했고, getMyNweets 함수를 useEffect의 첫 번째 함수에서 실행하기 위해 코드를 수정했어. 이제 프로필 페이지로 이동해서 콘솔에 어떤 값이 출력되는지 확인해 볼까?

```
src\routes\Home.js
  Line 80:13:  img elements must have an alt prop, either with
meaningful text, or an empty string for decorative images   jsx-
a11y/alt-text

src\routes\Profile.js
  Line 25:6:  React Hook useEffect has a missing dependency:
'getMyNweets'. Either include it or remove the dependency array
react-hooks/exhaustive-deps
```

❌ ▶Uncaught (in promise)   prebuilt-df0f24f5-f4d3f7f5.js:188
FirebaseError: The query requires an index. You can create it here: 는
ttps://console.firebase.google.com/v1/r/project/nwitter-9a265/firesto
re/in…aW5kZXhlcy9fEAEaDQoJY3JlYXRvcklkEAEaDQoJY3JlYXRlZEF0EAEaDAoIX19
uYW1lX18QAQ
    at new e (prebuilt-df0f24f5-f4d3f7f5.js:188)
    at prebuilt-df0f24f5-f4d3f7f5.js:10416
    at prebuilt-df0f24f5-f4d3f7f5.js:10417
    at e.onMessage (prebuilt-df0f24f5-f4d3f7f5.js:10439)
    at prebuilt-df0f24f5-f4d3f7f5.js:10356
    at prebuilt-df0f24f5-f4d3f7f5.js:10387
    at prebuilt-df0f24f5-f4d3f7f5.js:15180

문제 해결 힌트!

에러 메시지 확인

에러 메시지 발생!

앗! 에러 메시지네. 이 에러 메시지는 일부러 출력한 거야. **파이어베이스에서 제공하는 데이터베이스 관련 함수 중에는 파이어베이스가 받아들일 준비가 되어 있지 않으면 사용할 수 없는 것들이 있어.** 지금 보이는 에러 메시지가 바로 그런 경우에 나타나는 거야. 예를 들어 지금의 경우 orderBy 함수를 사용했는데 이 함수는 파이어스토어에서 색인^index 작업되어 있는 상태가 아니라면 사용할 수 없어. 콘솔에 나타난 에러 메시지를 보면 You can create it here...로 시작하는 문장이 있는데, 그 옆에 있는 URL을 눌러 복합 색인 만들기 페이지에 접속하고 〈색인 만들기〉를 눌러 색인 작업을 시작하자.

▶ 만약 복합 색인 만들기 URL이 콘솔에 나타나지 않는다면 github.com/easysIT/nwitter의 도움 문서를 읽어 보세요.

색인 만들기 화면

색인 작업은 시간이 많이 걸려(5~8분). 색인 작업을 기다렸다가 색인 작업이 끝나면 트윗을 등록한 다음 다시 프로필 페이지로 이동해서 콘솔에 무엇이 출력되는지 확인해 보자.

색인 생성 중 화면

색인 생성 완료 화면

트윗 등록

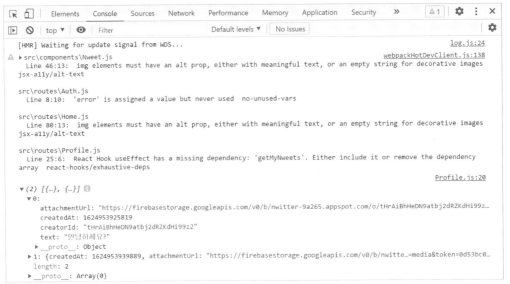

프로필 페이지에 다시 접속하면 볼 수 있는 결과

쿼리 문을 통해 얻은 트윗이 보이지? 만약 orderBy 함수의 설정을 내림차순^{desc}으로 바꾸거나 추가하는 등의 코드 수정을 하려면 이처럼 색인 과정을 한 번 더 거쳐야 해. 실제로 필터링 기능이 잘 동작하는지 확인해 보자.

액션 05 필터링 기능 잘 동작하는지 확인해 보기

나의 경우 파이어베이스 콘솔에서 creatorId 필드의 값을 임의로 변경해 주었어.

creatorId 필드값을 임의로 변경하는 화면

그러면 creatorId 필드값이 변경된 트윗은 프로필 페이지에 나타나지 않아야 해. 필드값을 변경한 다음 프로필 페이지에 다시 접속하고 콘솔을 확인해 보자.

```
▼ [{...}] ⊞                                                          Profile.js:20
  ▼ 0:
      attachmentUrl: "https://firebasestorage.googleapis.com/v0/b/nwitter-9a265.appspot.com/o/tHrAiBhHeDN9atbj2dRZKdHi99z…
      createdAt: 1624953925819
      creatorId: "tHrAiBhHeDN9atbj2dRZKdHi99z2"
      text: "안녕하세요?"
    ▶ __proto__: Object
    length: 1
  ▶ __proto__: Array(0)
```

creatorId가 바뀐 트윗이 사라진 모습

자 내 역할은 여기까지! 프로필 페이지에서 내가 작성한 트윗 목록만 나오도록 구현하는 건 스스로 해 봐!

07-2 프로필 페이지 기능 보완하기

이번에는 로그인한 사용자의 이름을 표시하고 프로필을 업데이트할 수 있도록 프로필 페이지에 기능을 추가할 거야.

액션 01 Profile 컴포넌트 정리하기

우선 07-1절에서 작업한 내용은 다시 삭제해야 해. 필터링 관련 코드는 꼭 저장해 두었다가 나중에 공부할 때 사용하도록! getMyNweets 함수와 useEffect를 모두 지우면 돼.

수정해 보자! ./src/routes/Profile.js

```
import { authService, dbService } from "fbase";
import { useEffect } from "react";
import { useHistory } from "react-router-dom";

const Profile = ({ userObj }) => {
  const history = useHistory();

  const onLogOutClick = () => {
    authService.signOut();
    history.push("/");
  };

  const getMyNweets = async () => {
    const nweets = await dbService
      .collection("nweets")
      .where("creatorId", "==", userObj.uid)
      .orderBy("createdAt", "asc")
      .get();

    console.log(nweets.docs.map((doc) => doc.data()));
  };

  useEffect(() => {
```

```
    getMyNweets();
  }, []);

  return (
    <>
      <button onClick={onLogOutClick}>Log Out</button>
    </>
  );
};


export default Profile;
```

액션
02 내비게이션에 이름 넣기

다음 화면에서 My Profile를 출력하고 있는 곳은 Navigation 컴포넌트야. 여기에
Nico의 Profile과 같이 로그인한 사용자의 이름을 출력하려면 어떻게 해야 할까? 그래.
userObj 프롭스를 Navigation 컴포넌트로 보내서 이름 출력에 사용하면 돼. Router.js,
Navigation.js 파일을 순서대로 수정해 보자.

My Profile을 바꾸려면 어떻게 해야 할까?

수정해 보자! ./src/components/Router.js

```
(...생략...)
const AppRouter = ({ isLoggedIn, userObj }) => {
  return (
    <Router>
      {isLoggedIn && <Navigation userObj={userObj} />}
(...생략...)
```

```
import { Link } from "react-router-dom";

const Navigation = ({ userObj }) => {
  return (
    <nav>
      <ul>
        <li>
          <Link to="/">Home</Link>
        </li>
        <li>
          <Link to="/profile">{userObj.displayName}의 Profile</Link>
        </li>
      </ul>
    </nav>
  );
};


export default Navigation;
```

콘솔 로그에서 userObj를 출력해 보면 displayName 항목을 볼 수 있을 거야. 이 항목은 일반 회원가입으로는 채워지지 않는 값이야. 실제로 지금의 경우 일반 회원가입으로 로그인해서 userObj를 출력한 것인데 displayName 항목이 null이라고 되어 있고, 내비게이션 화면에도 '의 Profile'이라고 표시되어 있어.

▶ 가끔 userObj.displayName이 null이라는 오류 메시지 화면을 띄울 때도 있습니다. 그런 경우 바로 소셜 로그인을 시도해 보세요.

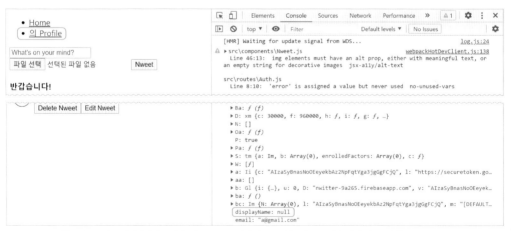

displayName 항목은 null이고 내비게이션 표시가 의 Profile로 되어 있는 모습(소셜 로그인을 하지 않은 경우)

이건 왜 그럴까? `displayName` 항목은 구글 또는 깃허브 로그인을 통해 채워지는 값이라서 그래. 실제로 너희가 구글이나 깃허브에 가입할 때 입력한 이름값이 여기에 채워져. 소셜 로그인을 통해 다시 로그인해 볼까? 그러면 다음과 같은 화면을 볼 수 있을 거야.

이제 `userObj.displayName`의 값으로 내비게이션 프로필 페이지 이동 링크가 표시되네.

변경된 내비게이션(소셜 로그인한 경우)

액션 03 프로필 업데이트 기능 추가하기

프로필을 업데이트 기능을 추가하자. 소셜 로그인이 제공하는 `displayName` 항목을 쓰고 싶지 않은 사람들을 위해 만드는 기능이라 생각하면 돼. 우선 프로필 업데이트를 위한 `form` 엘리먼트 양식을 만들어 보자.

수정해 보자! ./src/routes/Profile.js

```
(...생략...)
  return (
    <>
      <form>
        <input type="text" placeholder="Display name" />
        <input type="submit" value="Update Profile" />
      </form>
      <button onClick={onLogOutClick}>Log Out</button>
    </>
(...생략...)
```

폼을 구성한 뒤에 프로필 페이지를 보면 트윗 양식과 거의 비슷하다고 느낄 거야. 이제 나머지 코드를 작성해 보자. 먼저 프로필 표시를 위한 `useState`를 만들자.

수정해 보자! ./src/routes/Profile.js

```
import { authService, dbService } from "fbase";
import { useState, useEffect } from "react";
import { useHistory } from "react-router-dom";

(...생략...)
```

```
const Profile = ({ userObj }) => {
  const history = useHistory();
  const [newDisplayName, setNewDisplayName] = useState(userObj.displayName);
(...생략...)
```

newDisplayName의 기본값은 userObj.displayName으로 지정하고 input 엘리먼트에 새 값을 입력해서 〈Update Profile〉 버튼을 누르면 newDisplayName이 바뀌도록 했어. 이어서 onChange 함수 작업을 해보자.

수정해 보자! ./src/routes/Profile.js

```
(...생략...)
  const onLogOutClick = () => {
    authService.signOut();
    history.push("/");
  };

  const onChange = (event) => {
    const {
      target: { value },
    } = event;
    setNewDisplayName(value);
  };

(...생략...)

  return (
    <>
      <form>
        <input
          onChange={onChange}
          type="text"
          placeholder="Display name"
          value={newDisplayName}
        />
        <input type="submit" value="Update Profile" />
      </form>
      <button onClick={onLogOutClick}>Log Out</button>
```

```
      </>
    );
  };


  export default Profile;
```

onChange 함수 작업은 이제 익숙할 거야. input 엘리먼트의 입력값을 setNewDisplayName에 전달한 거지. 〈Update Profile〉을 누른 후의 화면은 다음과 같아. 계속해서 onSubmit 함수 작업을 해보자. 혹시 오해할까 봐 미리 이야기해 두지만 이 작업으로 프로필 업데이트 기능이 완성되진 않아. 우선 onSubmit 함수 형태만 잡아 놓는다 생각하고 작업하자.

수정해 보자! ./src/routes/Profile.js

```
(...생략...)
  const onSubmit = (event) => {
    event.preventDefault();
  };


  return (
    <>
      <form onSubmit={onSubmit}>
        <input
          onChange={onChange}
          type="text"
          placeholder="Display name"
          value={newDisplayName}
        />
        <input type="submit" value="Update Profile" />
      </form>
      <button onClick={onLogOutClick}>Log Out</button>
    </>
  );
};
(...생략...)
```

onSubmit 함수를 정의하고 form 엘리먼트의 기본 이벤트를 막았어. 프로필 업데이트를 위한 뼈대 작업을 진행했어. 이제 onSubmit 함수 안에서 userObj의 displayName 항목을 바꾸는 방법에 대해 알아보자.

액션
04 ### userObj 관련 문서 살펴보고 프로필 업데이트하기

뜬금없을 거야. 왜 userObj를 뜯어봐야 할까? userObj는 값만 들어있는 읽기 용도의 객체 정도로 생각했을 거야. 하지만 자바스크립트 문법 기초로 잠시 돌아가서 이야기하자면... 함수는 객체 안에 넣을 수 있어. userObj에도 함수가 포함되어 있겠지? 실제로 userObj를 출력해 보면 많은 함수가 들어 있어. 그리고 이 함수들은 파이어베이스에서 제공해. 그래... 느낌이 오지? **여기에 있는 함수를 사용하면 displayname 항목을 업데이트할 수 있어.** 다만 콘솔에 출력된 내용을 보면서 작업하려면 출력된 내용이 너무 많아서 무슨 함수를 사용해야 할지 알기가 어려워.

우리가 원하는 내용만 추려서 살펴보고, 사용할 수 있는 방법을 알아보자. userObj는 어디서 나왔을까? 우리의 누이터 앱을 거슬러 올라가면 종착지는 바로 App.js 파일에서 사용한 authService의 onAuthStateChanged에 인자로 전달한 user임을 알 수 있어. user를 userObj 상태로 관리한 거지. 자 그럼... user에 들어 있는 내용을 보기 좋게 정리한 내용은 어디에 있을까? 바로 파이어베이스 공식 문서야. firebase.google.com/docs/reference/js/firebase. User에 접속하면 다음 화면이 나타날 거야.

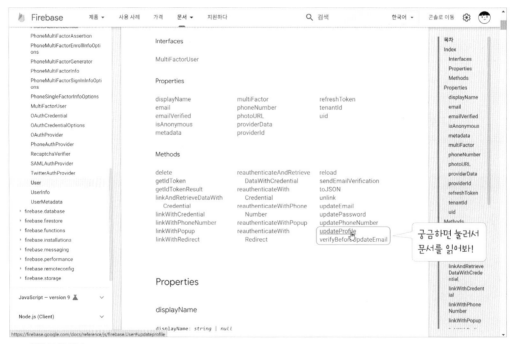

user 관련 공식 문서

스크롤바를 조금만 내리면 Methods 제목 아래에서 updateProfile 항목을 찾을 수 있을 거야. 이런 식으로 공식 문서에서 필요한 함수를 찾을 수 있어. 함수 이름은 처음 봐도 기능을 예상하기 쉽도록 지으니까 딱 보면 무슨 작업을 위한 함수인지도 알 수 있을 거야. 궁금하다면 함수 링크를 눌러서 기능을 확인해 봐. 나의 경우 비주얼 스튜디오 코드의 도움말로 함수 입력 방법을 살펴볼 거야. onSubmit 함수에 userObj.updateProfile(까지 입력해 보자. 그러면 도움말이 나타날 거야.

비주얼 스튜디오 코드에서 제공하는 updateProfile 함수 도움말

도움말을 보면 updateProfile 함수에 displayName과 photoURL을 문자열로 전달하면 프로필을 업데이트할 수 있다고 하네. 여기서 도움말을 보면 photoURL 인자 오른쪽에 ?을 표시해 두었는데 이건 옵셔널optional이라는 뜻이야. 옵셔널은 쉽게 말해 있어도 되고 없어도 되는 것을 말해. 그러니까 displayName, photoURL 중 필요한 것만 넣어서 함수를 실행해도 된다는 뜻이지. 지금 우리에게 필요한 건 displayName 업데이트이므로 이것만 사용해서 함수를 실행시켜 보자.

▶ photoURL은 프로필 이미지에 해당합니다. 혹시 이미지를 출력하고 싶다면 이 값도 업데이트하여 코드에 반영해 보세요.

수정해 보자! **./src/routes/Profile.js**

```
(...생략...)
const onSubmit = async (event) => {
    event.preventDefault();
    if (userObj.displayName !== newDisplayName) {
      await userObj.updateProfile({ displayName: newDisplayName });
    }
  };
(...생략...)
```

updateProfile 함수도 비동기 작업을 해야 하므로 `async-await` 문을 사용했어. 이제 displayName만 바꾸면 되는데... 예외 처리 작업이 하나 필요해. 바로 이름을 입력하지 않았을 때에는 onSubmit 함수가 동작하면 안 된다는 거지.

이를 구현하기 위해 `if (userObj.displayName !== newDisplayName)`와 같이 입력해서 기존 displayName과 새로 입력한 newDisplayName이 다른 경우에만 프로필을 업데이트하도록 했어. 이제 기능이 잘 동작하는지 확인해 보자.

프로필 업데이트 내용을 누르고 〈Update Profile〉을 누른 모습

엥! 그런데 프로필이 변경되지 않네. 무슨 일이지? 아... 새로고침을 하면 반영된 것을 확인할 수 있어.

새로고침을 해야 반영되는 프로필

우선... 만족스럽진 않지만 onSubmit 함수 자체는 잘 동작하는 것 같네. 실시간으로 프로필이 바뀌도록 코드를 수정해 보자. 다음 내용을 공부하면 다른 기능을 개발할 때에도 도움이 될 거야.

07-3 프로필 실시간 업데이트하기

프로필을 실시간으로 업데이트하기 위한 방법을 고민해 보자. 이건 컴포넌트를 리렌더링 rerendering하는 방법으로 구현할 수 있어. 리액트에서 리렌더링은 크게 두 가지 경우에 발생해. **하나는 useState로 관리 중인 상태가 업데이트되는 경우, 하나는 프롭스로 받은 요소가 업데이트되는 경우야.** 이때 리렌더링이 이루어지지. 우리 상황에 이걸 적용해 볼까?

액션 01 Navigation 컴포넌트 살펴보기

우선… 리렌더링해야 하는 컴포넌트는 **Navigation**이야. 그런데 이 컴포넌트는 관리 중인 상태가 없어. 받은 프롭스는 userObj 뿐이고.

확인해 보자! ./src/components/Navigation.js

```
import { Link } from "react-router-dom";

const Navigation = ({ userObj }) => {
  console.log(userObj);
  return (
    <nav>
      <ul>
        <li>
          <Link to="/">Home</Link>
        </li>
        <li>
          <Link to="/profile">{userObj.displayName}의 Profile</Link>
        </li>
      </ul>
    </nav>
  );
};
export default Navigation;
```

액션
02 refreshUser 함수 추가하기

그러면 리렌더링을 위해서 userObj을 업데이트하면 될 것 같아. 그런데 userObj는 파이어베이스의 user를 받아서 복사한 것이고, 프로필 업데이트는 파이어베이스에 영향을 주는 것이니까... userObj에는 여전히 이전 값이 남아 있을 거야. 쉽게 말해 userObj는 스스로 업데이트된 프로필을 반영하지 못하는 거지. 이를 위해 새 프로필을 파이어베이스에서 받아온 다음 userObj에 반영해야 해. 즉, userObj를 새로고침하는 함수를 만들어 줘야 해. 그러면 userObj를 관리하는 App.js 파일로 돌아가 이 작업을 하면 되겠네!

수정해 보자! ./src/components/App.js

```
(...생략...)
  const refreshUser = () => {
    setUserObj(authService.currentUser);
  };


  return (
    (...생략...)
  );
}


export default App;
```

refresh 함수 원리는 단순해. 함수가 실행되면 인증 모듈에서 authService.currentUser를 통해 얻은 새 user를 userObj에 업데이트해 주는 거지.

액션
03 refreshUser 함수 Profile 컴포넌트로 보내주기

이 함수는 여기서 실행할 것이 아니고 실제 프로필을 업데이트하는 Profile 컴포넌트에서 실행할 것이므로 프롭스를 통해 차근차근 보내줘야 해. AppRouter, Profile 컴포넌트 순서로 이 함수를 프롭스를 통해 내려 보내주고, Profile 컴포넌트에서 이 함수를 실행할 수 있도록 코드를 수정해 보자.

수정해 보자! ./src/components/App.js

```
(...생략...)
  return (
    <>
      {init ? (
        <AppRouter
```

```
            refreshUser={refreshUser}
            isLoggedIn={isLoggedIn}
            userObj={userObj}
          />
        ) : (
          "initializing..."
        )}
      </>
    );
}


export default App;
```

수정해 보자! ./src/components/Router.js

```
(...생략...)
const AppRouter = ({ isLoggedIn, userObj, refreshUser }) => {
  return (
    <Router>
      {isLoggedIn && <Navigation userObj={userObj} />}
      <Switch>
        {isLoggedIn ? (
          <>
            <Route exact path="/">
              <Home userObj={userObj} />
            </Route>
            <Route exact path="/profile">
              <Profile refreshUser={refreshUser} userObj={userObj} />
            </Route>
          </>
        ) : (
          <Route exact path="/">
            <Auth />
          </Route>
        )}
      </Switch>
    </Router>
  );
};
export default AppRouter;
```

./src/routes/Profile.js

```
import { authService, dbService } from "fbase";
import { useState, useEffect } from "react";
import { useHistory } from "react-router-dom";

const Profile = ({ userObj, refreshUser }) => {
  (...생략...)

  const onSubmit = async (event) => {
    event.preventDefault();
    if (userObj.displayName !== newDisplayName) {
      await userObj.updateProfile({ displayName: newDisplayName });
      refreshUser();
    }
  };

  return (
    (...생략...)
  );
};

export default Profile;
```

이제 다시 프로필 업데이트를 시도해 보자.

업데이트가 안 되는 상황(새로고침을 해야 함)

엥! 업데이트가 안 되네. 리렌더링이 안 되는 이상한 현상이 생긴 거야. 또 새로고침을 해야 반영되네. 이건 리액트의 한계야. 원래는 상태나 프롭스의 내용이 업데이트되면 리렌더링이 발생해야 해. **하지만 리액트는 상태나 프롭스의 내용물이 너무 많으면 그 안에 있는 작은 변화를 제대로 인식하지 못해.** 알다시피 userObj의 내용은 굉장히 많았어. 그 안에서 우리가 바꾼 displayName을 리액트에서 인식하지 못한 거야. 그래서 우리가 추가로 해야 할 작업은 userObj을 우리에게 필요한 내용만 담은 작은 객체로 만들기야. 계속해서 코드를 작성해 보자.

액션 04 **userObj 크기 줄이기**

userObj를 최초로 사용하는 곳은 어디지? 바로 App.js 파일이야. 여기를 수정하면 될 것 같아. userObj를 업데이트하는 **setUserObj** 부분을 다음과 같이 수정해 보자.

수정해 보자! ./src/components/App.js

```
(...생략...)
  useEffect(() => {
    authService.onAuthStateChanged((user) => {
      if (user) {
        setIsLoggedIn(user);
        setUserObj({
          uid: user.uid,
          displayName: user.displayName,
          updateProfile: (args) => user.updateProfile(args),
        });
      } else {
        setIsLoggedIn(false);
      }
      setInit(true);
    });
  }, []);
(...생략...)
```

누이터에서는 uid, displayName, updateProfile 함수만 사용했으니 user에서 필요한 것만 뽑아 userObj에 반영했어. 이렇게 하면 리액트에서 변화를 쉽게 알 수 있을 거야. updateProfile 함수의 경우 Profile 컴포넌트에서 실행할 때 입력되는 값을 고려하여 재구성했어.

액션 05 **isLoggedIn 크기 줄이기**

앞에서 언급했던 문제와 같은 이유로 isLoggedIn의 크기도 줄여 줘야 해. isLoggedIn도 user를 받고 있으니까. isLoggedIn의 경우 userObj이 있는지 확인만 하면 되므로 Boolean 함수를 사용해서 고칠 수 있어.

```
(...생략...)
  useEffect(() => {
    authService.onAuthStateChanged((user) => {
      if (user) {
        setIsLoggedIn(user);
        setUserObj({
          uid: user.uid,
          displayName: user.displayName,
          updateProfile: (args) => user.updateProfile(args),
        });
      } else {
        setIsLoggedIn(false);
      }
      setInit(true);
    });
  }, []);

(...생략...)

  return (
    <>
      {init ? (
        <AppRouter
          refreshUser={refreshUser}
          isLoggedIn={Boolean(userObj)}
          userObj={userObj}
        />
      ) : (
        "initializing..."
      )}
    </>
  );
}

export default App;
```

Boolean 함수는 인자로 받은 값을 검사해서 값이 있으면 true, 없으면 false를 반환하므로 이를 활용해서 isLoggedIn 프롭스에 적용했어. 이 덕분에 setIsLoggedIn 함수를 사용했던 부분은 필요하지 않게 되어서 지울 수 있게 되었어. 계속해서 refreshUser 함수에 우리가 직접 구성한 사용자 정보 객체를 적용해 보자.

```
수정해 보자!  ./src/components/App.js
(...생략...)
  const refreshUser = () => {
    setUserObj(authService.currentUser);
    const user = authService.currentUser;
    setUserObj({
      uid: user.uid,
      displayName: user.displayName,
      updateProfile: (args) => user.updateProfile(args),
    });
  };
(...생략...)
```

이렇게 해야 사용자 정보 객체가 동일하게 유지될 거야. 쉽게 말해 이전부터 사용하던 userObj의 형태를 가볍게 바꾸면서도 동일한 형태로 유지하기 위해서 위 작업을 진행한 거야. 이제 다시 프로필이 실시간 업데이트되는지 확인해 보자.

실시간 업데이트가 잘 되는 모습

프로필 실시간 업데이트 기능을 위한 대장정이 끝났어! 이 과정을 통해 리액트 리렌더링의 한계와 해결 방법을 잘 알았기를 바라. 여기까지 배운 내용을 잘 이용하면 아마 대부분의 리액트 웹 애플리케이션을 개발할 수 있을 거야. 나머지 작업은 누이터를 꾸미고, 배포하고, 보안을 챙기는 추가 작업이야.

소스 확인   7장을 완료한 상태의 전체 소스를 보려면 vo.la/dazBu에 접속해서 '7장 완료 커밋' 링크를 눌러 변경된 내용을 확인해 보세요.

08

깃허브로
누이터 배포하고 보안 챙기기

여기까지 오느라 모두들 고생했어. 이 장에서는 기능 구현에만 집중하느라 정리하지 못했던 자바스크립트 코드를 정리, 업그레이드해 볼 거야. 그리고... 우리의 누이터는 아름답지 않았어. 그래서 CSS를 적용해서 좀 더 예쁘게 만들거야. 또한 깃허브 페이지에 누이터를 배포해서 친구들도 접속해서 사용할 수 있도록 만들어 보자. 그리고 보안도 보완할 거야. 이제 마지막이야! 완성을 향해 달려가 보자!

 니꼬샘
강의 보기

https://youtu.be/Qgw3W6ttvm4

08-1 코드 깔끔하게 정리하기

여기서는 코드를 깔끔하게 정리해 보는 시간을 가질 거야. 나의 경우 모든 코드 작업은 기능을 우선 개발하고 나중에 코드를 정리해. 이렇게 하면 완성도가 높은 결과물을 얻을 수 있거든. 예를 들어 Home.js 파일은 누이터의 여러 기능을 포함하고 있어서 코드의 양이 엄청 많아. 그래서 가독성도 떨어지고, 유지보수도 좋지 않지. 이런 경우 기능 단위로 코드를 잘라 컴포넌트로 나누면 돼.

액션 01 Home 컴포넌트 나누고 정리하기

Home 컴포넌트를 어떻게 나누면 좋을까? 코드를 천천히 보다 보면 form 엘리먼트로 감싼 부분이 트윗 생성 역할을 하니까 이걸 새 컴포넌트로 나눌 수 있을 것 같아! 새 파일을 생성해 보자. form 엘리먼트는 이 글과 사진을 합쳐서 게시물을 만들어 주는 일종의 공장이니까 새 파일 이름은 NweetFactory.js로 지어 보자. 이 파일은 컴포넌트이므로 components 폴더에 만들면 되겠지?

NweetFactory 컴포넌트 생성

새로 만들어 보자! ./src/components/NweetFactory.js

```
const NweetFactory = () => {};

export default NweetFactory;
```

NweetFactory 컴포넌트를 만들었으면 Home 컴포넌트의 form 엘리먼트 영역을 복사해서 붙여 넣자.

```
const NweetFactory = () => {
  return (
    <form onSubmit={onSubmit}>
      <input
        value={nweet}
        onChange={onChange}
        type="text"
        placeholder="What's on your mind?"
        maxLength={120}
      />
      <input type="file" accept="image/*" onChange={onFileChange} />
      <input type="submit" value="Nweet" />
      {attachment && (
        <div>
          <img src={attachment} width="50px" height="50px" />
          <button onClick={onClearAttachment}>Clear</button>
        </div>
      )}
    </form>
  );
};


export default NweetFactory;
```

이어서 Home 컴포넌트의 form 엘리먼트 영역을 삭제하고 NweetFactory 컴포넌트를 Home 컴포넌트에 포함시키자.

```
import { dbService, storageService } from "fbase";
import { useEffect, useState } from "react";
import Nweet from "components/Nweet";
import NweetFactory from "components/NweetFactory";
import { v4 as uuidv4 } from "uuid";

(...생략...)
```

```jsx
  return (
    <>
      <form onSubmit={onSubmit}>
        <input
          value={nweet}
          onChange={onChange}
          type="text"
          placeholder="What's on your mind?"
          maxLength={120}
        />
        <input type="file" accept="image/*" onChange={onFileChange} />
        <input type="submit" value="Nweet" />
        {attachment && (
          <div>
            <img src={attachment} width="50px" height="50px" />
            <button onClick={onClearAttachment}>Clear</button>
          </div>
        )}
      </form>
      <NweetFactory />        NweetFactory 컴포넌트를 포함시키자!
      <div>
        {nweets.map((nweet) => (
          <Nweet
            key={nweet.id}
            nweetObj={nweet}
            isOwner={nweet.creatorId === userObj.uid}
          />
        ))}
      </div>
    </>
  );
};


export default Home;
```

만약 서버를 실행한 상태라면 터미널에 에러 메시지가 나올 거야. 이 에러 메시지를 힌트 삼아 코드를 수정하면 돼.

문제   출력   터미널   디버그 콘솔   ⊐ node

```
Failed to compile.

src\components\NweetFactory.js
  Line 3:21:   'onSubmit' is not defined          no-undef
  Line 5:16:   'nweet' is not defined             no-undef
  Line 6:19:   'onChange' is not defined          no-undef
  Line 11:53:  'onFileChange' is not defined      no-undef
  Line 13:8:   'attachment' is not defined        no-undef
  Line 15:21:  'attachment' is not defined        no-undef
  Line 16:28:  'onClearAttachment' is not defined no-undef

Search for the keywords to learn more about each error.
```

터미널에 나타난 에러 메시지

이 에러 메시지는 복사해서 옮긴 form 엘리먼트에서 사용한 함수나 상태들이 NweetFactory 컴포넌트에 정의되어 있지 않아서 나타난 거야. 그러니까… 아직 Home 컴포넌트에서 NweetFactory 컴포넌트로의 이사가 덜 끝난 셈이지. 계속 이사를 진행해 보자. Home 컴포넌트 를 보면 form 엘리먼트가 사라지면서 사용되지 않는 함수의 이름이 흐릿하게 표시되어 있을 거야. 이 친구들을 NweetFactory 컴포넌트로 옮기면 돼!

```
22    const onSubmit = 흐리게 표시되어 있는 함수 이름을 옮기자!
23        event.preventDefa
24        let attachmentUrl = "";
25        if (attachment !== "") {
26          const attachmentRef = storageService
27            .ref()
28            .child(`${userObj.uid}/${uuidv4()}`);
29          const response = await attachmentRef.putString(attachment,
30          attachmentUrl = await response.ref.getDownloadURL();
31        }
32        await dbService.collection("nweets").add({
33          text: nweet,
34          createdAt: Date.now(),
35          creatorId: userObj.uid,
36          attachmentUrl,
37        });
38        setNweet("");
```

onSubmit 함수 이름이 흐릿하게 표시되어 있음

옮겨야 하는 함수는 onSubmit, onChange, onFileChange, onClearAttachment야. 이걸 다 옮 기자.

```
(...생략...)
const NweetFactory = () => {
  const onSubmit = async (event) => {
    event.preventDefault();
    let attachmentUrl = "";
    if (attachment !== "") {
      const attachmentRef = storageService
        .ref()
        .child(`${userObj.uid}/${uuidv4()}`);
      const response = await attachmentRef.putString(attachment, "data_url");
      attachmentUrl = await response.ref.getDownloadURL();
    }
    const nweetObj = {
      text: nweet,
      createdAt: Date.now(),
      creatorId: userObj.uid,
      attachmentUrl,
    };
    await dbService.collection("nweets").add(nweetObj);
    setNweet("");
    setAttachment("");
  };

  const onChange = (event) => {
    event.preventDefault();
    const {
      target: { value },
    } = event;
    setNweet(value);
  };

  const onFileChange = (event) => {
    const {
      target: { files },
    } = event;
    const theFile = files[0];
    const reader = new FileReader();
```

```
    reader.onloadend = (finishedEvent) => {
      const {
        currentTarget: { result },
      } = finishedEvent;
      setAttachment(result);
    };
    reader.readAsDataURL(theFile);
  };

  const onClearAttachment = () => setAttachment("");


  return (
(...생략...)
```

이사를 마친 Home 컴포넌트는 다음과 같은 상태가 될 거야.

확인해 보자! ./src/routes/Home.js

```
import { dbService, storageService } from "fbase";
import { useEffect, useState } from "react";
import Nweet from "components/Nweet";
import NweetFactory from "components/NweetFactory";
import { v4 as uuidv4 } from "uuid";

const Home = ({ userObj }) => {
  const [nweet, setNweet] = useState("");
  const [nweets, setNweets] = useState([]);
  const [attachment, setAttachment] = useState("");

  useEffect(() => {
    dbService.collection("nweets").onSnapshot((snapshot) => {
      const newArray = snapshot.docs.map((document) => ({
        id: document.id,
        ...document.data(),
      }));
      setNweets(newArray);
    });
  }, []);
```

```
    return (
      <>
        <NweetFactory />
        <div>
          {nweets.map((nweet) => (
            <Nweet
              key={nweet.id}
              nweetObj={nweet}
              isOwner={nweet.creatorId === userObj.uid}
            />
          ))}
        </div>
      </>
    );
  };



export default Home;
```

함수 이사를 마친 뒤에도 여전히 오류 메시지가 발생할 거야. 그 이유는 NweetFactory 컴포 넌트로 옮긴 함수나 JSX에서 사용하는 상태, 프롭스, import 문을 정의해 주지 않아서 그래. 추가 이사 과정이 필요한 거지. 아까 Home 컴포넌트의 함수를 NweetFactory 컴포넌트로 옮기 면서 또 다시 사용하지 않는 것들이 흐리게 표시되어 있을 거야. 이것도 다 NweetFactory 컴 포넌트로 옮기면 돼.

흐리게 표시되어 있는 import 문과 상태

흐리게 표시된 코드를 모두 옮겨 보자.

수정해 보자! ./src/routes/Home.js

```
import { dbService, storageService } from "fbase";
import { useEffect, useState } from "react";
import Nweet from "components/Nweet";
import NweetFactory from "components/NweetFactory";
import { v4 as uuidv4 } from "uuid";

const Home = ({ userObj }) => {
  const [nweet, setNweet] = useState("");
  const [nweets, setNweets] = useState([]);
  const [attachment, setAttachment] = useState("");
(...생략...)
```

수정해 보자! ./src/components/NweetFactory.js

```
import { useState } from "react";
import { dbService, storageService } from "fbase";
import { v4 as uuidv4 } from "uuid";

const NweetFactory = () => {
  const [nweet, setNweet] = useState("");
  const [attachment, setAttachment] = useState("");

  const onSubmit = async (event) => {
(...생략...)
```

저장하고 나면 에러 메시지가 많이 사라졌지? 이번엔 어떤 에러 메시지가 났는지 확인해 보자.

```
문제   출력   터미널   디버그 콘솔              >_ node  + ∨  ∧  ✕

 Failed to compile.

 src\components\NweetFactory.js
   Line 15:19:  'userObj' is not defined  no-undef
   Line 22:18:  'userObj' is not defined  no-undef

 Search for the keywords to learn more about each error.
 ▮
```

에러 메시지 확인

에러 메시지가 많이 줄어 들었어! 이 에러 메시지는 userObj 프롭스를 Home 컴포넌트에서 NweetFactory 컴포넌트에 넘겨주지 않았기 때문에 발생한 거야. Home, NweetFactory 컴포넌트 순서로 수정하자.

수정해 보자! **./src/routes/Home.js**

```
(...생략...)
const Home = ({ userObj }) => {
  const [nweet, setNweet] = useState("");
  const [nweets, setNweets] = useState([]);
  const [attachment, setAttachment] = useState("");

  return (
    <>
      <NweetFactory userObj={userObj} />
(...생략...)
```

수정해 보자! **./src/components/NweetFactory.js**

```
import { useState } from "react";
import { dbService, storageService } from "fbase";
import { v4 as uuidv4 } from "uuid";

const NweetFactory = ({ userObj }) => {
(...생략...)
```

처음에는 에러 메시지가 많이 나와서 당황했을 거야. 이 과정을 통해 에러 메시지를 참고 삼아 하나씩 수정하면 결국 해결할 수 있다는 것도 알았기를 바라. 나중에 다른 주제로 리액트 개발을 할 때에도 에러 메시지가 발생하면 이런 식으로 천천히 풀어 나가면 돼!

자 이제 코드를 다시 보자... 어때? Home 컴포넌트가 아주 깔끔하게 바뀌었지? NweetFactory 컴포넌트 역시 form 엘리먼트와 관련된 내용만 채워져 있으니까 나중에 form 엘리먼트 관련 기능 변화가 있으면 이것만 수정하면 돼. 이런 식으로 컴포넌트를 나누는 과정을 배워 두면 나중에 큰 도움이 될 거야!

Auth 컴포넌트 나누고 정리하기

Auth 컴포넌트 나누기 작업도 진행해 보자. 이 작업은 **액션 01**의 과정과 크게 다르지 않을 거야. Auth 컴포넌트를 살펴보면 Home 컴포넌트와 비슷하게 form, span 엘리먼트를 사용하고 있어. Home 컴포넌트에서 했던 수정 작업을 비슷하게 하면 될 것 같네. AuthForm 컴포넌트를 위한 파일을 새로 만든 다음 Auth 컴포넌트에 있는 form, span 엘리먼트, 관련 함수인 onChange, onSubmit, toggleAccount, import 문, 상태를 순서대로 옮기자.

▶ 위 순서대로 옮겨야 흐릿하게 표시되는 부분을 참고하면서 옮기기 좋습니다.

새로 만들어 보자! `./src/components/AuthForm.js`

```
import { authService } from "fbase";
import { useState } from "react";

const AuthForm = () => {
  const [email, setEmail] = useState("");
  const [password, setPassword] = useState("");
  const [newAccount, setNewAccount] = useState(true);
  const [error, setError] = useState("");

  const onChange = (event) => {
    const {
      target: { name, value },
    } = event;
    if (name === "email") {
      setEmail(value);
    } else if (name === "password") {
      setPassword(value);
    }
  };

  const onSubmit = async (event) => {
    event.preventDefault();
    try {
      let data;

      if (newAccount) {
        // create newAccount
        data = await authService.createUserWithEmailAndPassword(
```

```
        email,
        password
      );
    } else {
      // log in
      data = await authService.signInWithEmailAndPassword(email, password);
    }
    console.log(data);
  } catch (error) {
    setError(error.message);
  }
};


const toggleAccount = () => setNewAccount((prev) => !prev);


return (
  <>
```

form, span 엘리먼트를 감싸기 위해 <>...</>으로 감싸자.

```
    <form onSubmit={onSubmit}>
      <input
        name="email"
        type="text"
        placeholder="Email"
        required
        value={email}
        onChange={onChange}
      />
      <input
        name="password"
        type="password"
        placeholder="Password"
        required
        value={password}
        onChange={onChange}
      />
      <input type="submit" value={newAccount ? "Create Account" : "Log In"} />
      {error}
    </form>
    <span onClick={toggleAccount}>
      {newAccount ? "Sign In" : "Create Account"}
```

```
      </span>
    </>
  );
};
export default AuthForm;
```

Auth 컴포넌트에는 AuthForm을 포함시키고 onSocialClick 함수를 제외한 불필요한 함수와
상태를 제외하면 돼. Auth 컴포넌트 역시 수정이 끝난 상태로 적어 두었으니 참고하면서 코드
를 수정하면 돼.

수정해 보자! **./src/routes/Auth.js**

```
import { authService, firebaseInstance } from "fbase";
import AuthForm from "components/AuthForm";

const Auth = () => {
  const onSocialClick = async (event) => {
    const {
      target: { name },
    } = event;
    let provider;
    if (name === "google") {
      provider = new firebaseInstance.auth.GoogleAuthProvider();
    } else if (name === "github") {
      provider = new firebaseInstance.auth.GithubAuthProvider();
    }
    const data = await authService.signInWithPopup(provider);
    console.log(data);
  };

  return (
    <div>
      <AuthForm />
      <div>
        <button onClick={onSocialClick} name="google">
          Continue with Google
        </button>
        <button onClick={onSocialClick} name="github">
```

```
        Continue with Github
      </button>
    </div>
  </div>
  );
};


export default Auth;
```

이 작업을 다 진행한 다음 console.log 함수는 다 지우는 것이 좋아. 이리저리 코드를 살펴보면서 혹시 console.log 함수가 남아 있다면 모두 삭제해 주자.

수정해 보자! ./src/components/AuthForm.js

```
(...생략...)
  const onSubmit = async (event) => {
    event.preventDefault();
    try {
      let data;

      if (newAccount) {
        // create newAccount
        data = await authService.createUserWithEmailAndPassword(
          email,
          password
        );
      } else {
        // log in
        data = await authService.signInWithEmailAndPassword(email, password);
      }
      console.log(data);
    } catch (error) {
      setError(error.message);
    }
  };
(...생략...)
```

수정해 보자! **./src/routes/Auth.js**

```
(...생략...)
  const onSocialClick = async (event) => {
    const {
      target: { name },
    } = event;
    let provider;
    if (name === "google") {
      provider = new firebaseInstance.auth.GoogleAuthProvider();
    } else if (name === "github") {
      provider = new firebaseInstance.auth.GithubAuthProvider();
    }
    const data = await authService.signInWithPopup(provider);
    console.log(data);
  };
(...생략...)
```

리액트 컴포넌트를 나누고 정리하는 방법을 알아 봤어. 만약 더 해보고 싶다면 소셜 로그인 관련 부분도 나누고 정리할 수 있으니 해봐. 그럼 로그인 화면이 나오는지 확인해 보기 위해서 로그아웃 버튼을 눌러 보자! 프로필 화면으로 들어가서 로그아웃 버튼을 누르면 헉… 새로 고침을 해야만 로그인 화면이 나타나는 버그가 생겼어!

〈Log Out〉 버튼을 누르면?   홈으로 돌아가고 로그아웃이 되지 않는다!?

로그아웃 버그 고치기

로그아웃이 제대로 되지 않는 문제가 생겼어. 새로고침을 해야만 로그아웃이 완벽하게 된 것처럼 보이는 버그가 생겨버린 거지. 어디가 문제일까? 바로 refreshUser 함수야. 앞에서 만든 로그인 로그아웃 서비스는 authService에서 user의 상태가 바뀌면 userObj를 업데이트하는 방식이었지? 코드를 다시 확인해 보자.

확인해 보자! ./src/components/App.js

```
(...생략...)
  useEffect(() => {
    authService.onAuthStateChanged((user) => {
      if (user) {
        setIsLoggedIn(user);
        setUserObj({
          uid: user.uid,
          displayName: user.displayName,
          updateProfile: (args) => user.updateProfile(args),
        });
      } else {
        setIsLoggedIn(false);
      }
      setInit(true);
    });
  }, []);
(...생략...)
```

useEffect 로직을 살펴보면 user가 없는 경우 userObj를 업데이트하는 로직이 없어. 쉽게 말해 user가 없어지면 userObj 역시 비워야 하는데 지금은 그렇게 하지 않고 있는 거야. **그래서 새로고침을 통해 강제로 userObj를 비워야만 로그아웃이 되는 것처럼 보이는 거지.** 이 코드를 어떻게 바꾸면 될까? 그래. 바로 else 로직에 userObj를 비워줄 함수를 추가하면 돼. 다음과 같이 코드를 수정해 보자.

```
(...생략...)
function App() {
  const [init, setInit] = useState(false);
  const [isLoggedIn, setIsLoggedIn] = useState(false);
  const [userObj, setUserObj] = useState(null);

  useEffect(() => {
    authService.onAuthStateChanged((user) => {
      if (user) {
        setUserObj({
          uid: user.uid,
          displayName: user.displayName,
          updateProfile: (args) => user.updateProfile(args),
        });
      } else {
        setIsLoggedIn(false);
        setUserObj(false);           유저가 없는 경우 false로!
      }
      setInit(true);
    });
  }, []);
(...생략...)
export default App;
```

AppRouter 컴포넌트는 isLoggedIn 프롭스가 Boolean(userObj)에 의해 true나 false로 정해지므로 이제 isLoggedIn은 상태로 관리하지 않아도 돼. 그래서 상태를 삭제했어. 코드를 수정하고 나면 로그아웃이 제대로 될 거야. 이건 직접 실행해서 확인해 봐!

08-2 깃허브로 누이터 호스팅하기

자! 누이터를 호스팅해 보자. 호스팅은 쉽게 말하면 친구들에게 여러분이 만든 누이터를 써볼 수 있도록 인터넷에 공개하는 것을 말해. 나의 경우 실험삼아 해보는 프로젝트는 깃허브 호스팅 서비스를 이용하는 편이야. 왜냐고? 쉽고 편하기 때문이지! 파이어베이스에서도 호스팅 서비스를 제공해. 하지만 깃허브가 훨씬 쉬워. 그럼 호스팅을 시작해 볼까? 아참, 깃허브 호스팅 서비스는 깃허브 페이지라고 불러. 앞으로 나도 깃허브 페이지라고 부를 게.

▶ 깃허브 호스팅 서비스는 동적인 서비스를 위한 백엔드 서버를 지원하지 않습니다. 하지만 우리의 누이터는 백엔드는 파이어베이스에서 담당하므로 깃허브 호스팅 서비스를 사용해도 괜찮습니다.

액션 01 package.json 수정하기

깃허브 페이지를 사용하려면 추가 작업이 필요해. 우선 깃허브 페이지는 package.json을 인식해서 호스팅 과정을 진행하는데 이를 위해 package.json 파일을 수정해야 해. package.json 파일에는 홈페이지로 쓰일 깃허브 주소가 필요한데 다음 명령을 입력하면 현재 우리 프로젝트 폴더가 연결된 깃허브 주소를 알 수 있어.

이 주소를 참고해서 package.json 파일을 수정하자. 위에 나온 내용을 그대로 복사하면 안되고 https:// + 깃허브 아이디 + github.io/nwitter와 같이 입력해야 해. 이때 반드시 쉼표까지 입력해야 해. 제대로 입력했는지 꼭 다시 확인해 봐. 안 그러면 호스팅에 실패하거든.

수정해 보자! ./src/package.json

```
{
  "homepage": "https://canine89.github.io/nwitter",
  "name": "nwitter",
  "version": "0.1.0",
  "private": true,
(...생략...)
```

다음으로는 호스팅을 위한 명령어를 추가로 입력해 줘야 해. 누이터를 깃허브에 호스팅하려면 웹에서 쓰이는 파일로 빌드해야 하기 때문이야.

./src/package.json

```
(...생략...)
"scripts": {
    "start": "react-scripts start",
    "build": "react-scripts build",        여기 쉼표 입력 잊지 마!
    "predeploy": "npm run build",
    "deploy": "gh-pages -d build"
  },
(...생략...)
```

명령어를 추가한 다음 npm run deploy와 같이 명령하면 predeploy에 해당하는 명령어를 실행해서 build 라는 폴더를 만든 다음 파일을 호스팅에 맞도록 변환하여 깃허브 페이지로 전송할 거야. 그런데 deploy 명령어 부분을 보니 gh-pages라고 있네. gh-pages 도구를 설치한 적이 없으니 이걸 설치해 보자.

터미널

```
> npm install gh-pages
```

드디어 호스팅!
자... 이제 제일 긴장되는 순간이야! 배포를 진행해 보자!

터미널

```
> npm run deploy
(...생략...)
> nwitter@0.1.0 deploy C:\Users\phk70\Documents\projects\nwitter
> gh-pages -d build

Published        이 메시지를 확인하면 호스팅 완료!
```

잠시 기다리면 빌드부터 호스팅까지 끝날 거야. 최종 메시지로 published라는 문구만 보이면 돼. 완료한 후에는 package.json에 입력한 홈페이지 URL을 입력해서 잘 호스팅되었는지 확인해 보자. 가끔 깃허브 서버가 느려서 배포 후 실제 URL에 접속했을 때 화면을 보는 데는 약간의 차이가 있을 수도 있으니 참고해.

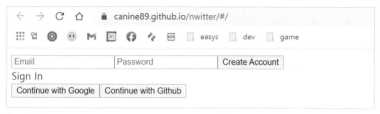

호스팅 완료!

08-3 에러 발생, 보안 정책 수정하기

배포를 성공했으니 이제 로그인부터 나머지 기능까지 제대로 동작하는지 확인해 보자.

액션 01 소셜 로그인해 보기
소셜 로그인부터 해볼까? 헉... 그런데 에러가 발생했어. 원래는 소셜 로그인이 잘 됐었는데 왜 이러는 걸까?

에러 발생!

이 에러 메시지는 우리의 코드에 문제가 있음을 알려주는 메시지가 아니야. 파이어베이스의 보안이 강해서 나타난 거지. 파이어베이스에는 접근 권한 보안 설정이라는 것이 있는데 쉽게 말해서 파이어베이스는 자신이 알고 있는 주소만 접근할 수 있게 해 줘. 오류 메시지를 보면 실제로 다음과 같이 친절하게 해결 방법을 알려주고 있어.

에러 메시지

> "This domain (canine89.github.io) is not authorized to run this operation. Add it to the OAuth redirect domains list in the Firebase console -> Auth section -> Sign in method tab."

간단히 에러 메시지를 해석하면 '이 도메인(canine89.github.io)은 인증되지 않았고 [파이어베이스 콘솔 > 인증 > 로그인 방법]을 열어서 이 도메인을 등록하면 된다'라는 뜻이야.

액션 02 파이어베이스 접속 허용 설정하기
그런데 도메인을 파이어베이스에 미리 등록해야 한다는 건 무엇을 의미할까? 파이어베이스 소유자가 지정한 도메인에만 인증 권한을 주는 거란 건... 쉽게 말해서 '등록된 주소만 파이어베이스를 쓸 수 있게 하겠다'라는 뜻이야. 다음 설정을 진행해서 파이어베이스 인증 권한 문제를 해결해 보자. 그럼 아까 에러 메시지가 안내한 대로 파이어베이스 콘솔에서 Authentication에 접속한 다음 Sign-in method 탭을 누르자.

파이어베이스 Authentication의 Sign-in method

스크롤바를 살짝 내리면 승인된 도메인 항목이 있어. 여기에 도메인을 등록하면 돼. 〈도메인 추가〉를 누르고 자신의 도메인... 예를 들어 canine89.github.io를 입력해 주자.

도메인 추가

참고로 http://나 https://를 제외해서 도메인을 입력해야 한다는 규칙이 있으니까 주의하도록 해. 또 canine89.github.io/nwitter까지 입력하면 /nwitter가 삭제된 대표 도메인만 남아. 설정을 마친 다음 다시 로그인해 봐. 이제 로그인이 잘 될 거야.

소셜 로그인 성공!

액션 03 파이어스토어 보안 정책 수정하기

파이어베이스의 보안 정책의 가짓수는 엄청나게 많아. 도메인 등록 외에도 여러 보안 정책이 있다는 거지. 몇 가지 보안 정책을 알아보자. Firestore Database를 누르고 규칙 탭을 누르자.

보안 규칙 수정 화면

헉... 무슨 코드 같은 것을 입력할 수 있는 화면이 나오네. 이건 보안 정책을 세세하게 설정할 수 있도록 파이어베이스에서 제공한 화면이야. 위 코드는 **현재 계정이 사용하는 파이어스토어 서비스에 있는 모든 데이터베이스에 대해서 접근 권한 기한은 2021년 7월 2일까지, 누구나, 읽기와 쓰기를 허용한다는 것을** 의미해.

이런 상태라면 아무나 데이터베이스에 접근할 수 있겠네. 로그인한 사람에게만 권한을 주면 이 문제를 조금이나마 해결할 수 있어. 어떻게 코드를 작성하면 될까? 잠시 문서를 읽어 보자. 화면 오른쪽 위에 보이는 〈문서로 이동〉을 누르자. 그러면 새 브라우저 탭이 열리면서 파이어베이스의 공식 문서로 이동해. 여기서 제품별 Firebase 항목에 있는 〈Cloud Functions〉를 누르자.

Cloud Functions 누르기

그런 다음 왼쪽에서 보안 규칙 항목을 펼치고, 다시 보안 규칙 이해 항목을 펼치자.

여기서 보안 규칙 언어 메뉴를 누르면 돼. 그런 다음 화면에서 허용 항목을 찾아보자.

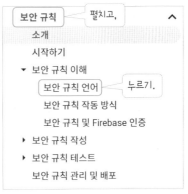

보안 규칙 이해까지 펼치기

허용 항목 찾기

허용 항목에 코드가 보이지? 화면에 표시한 `request.auth != null`이 바로 인증 기록이 없는 경우, 즉, 로그인하지 않은 사람은 권한을 주지 않겠다는 의미야. 이걸 복사해서 규칙 수정에 반영해 보자.

```
규칙 수정                                                    —  □  ✕

rules_version = '2';
service cloud.firestore {
  match /databases/{database}/documents {
    match /{document=**} {
      allow read, write: if
          request.time < timestamp.date(2021, 7, 22);
          request.auth != null
    }
  }
}
```

규칙 반영 완료 상태

보안 규칙을 수정했다면 〈게시〉를 눌러 수정한 내용을 반영하자. 이런 식으로 문서를 참고하여 보안 규칙을 수정할 수 있어. 이제 로그인한 사람만 데이터베이스에 접근할 수 있게 되었어!

액션 04 스토리지 보안 정책 확인하기

같은 규칙을 스토리지에도 적용해 보자. 누군가 스토리지에 어마어마한 양의 사진을 업로드해서 비용을 많이 나오게 만들거나 사진을 마구 지워서 복구하기 어렵게 만들 수도 있으니까 말야. 같은 방법으로 Rules에 들어가면 돼.

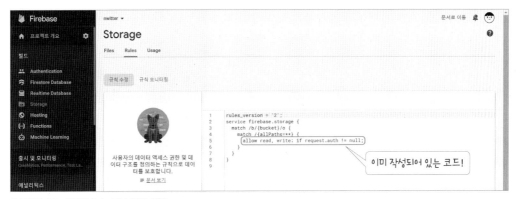

스토리지 메뉴 상단에 Rules가 선택된 화면

앗! 스토리지는 이미 로그인하지 않은 유저를 차단하는 코드가 작성되어 있네. 스토리지 보안 코드는 이정도 보안이면 충분할 거야. 보안 정책을 더 수정하고 싶다면 앞에서 본 문서를 참조하면 돼!

액션 05 · 비밀키 보안 설정하기

이제 마지막 보안 설정이야! 앞에서 파이어베이스의 비밀키 숨기기를 했었지? 완벽하진 않지만 최소한 깃허브에 비밀키를 노출하지 않기 위한 작업들을 했었지... 이번 액션에서는 그 비밀키가 우리의 누이터에서만 동작하도록 설정해 볼 거야. 이렇게 하면 비밀키를 다른 도메인에서는 쓸 수 없으니 혹시라도 비밀키가 노출되어도 괜찮아. 02-4절에서 Authentication에 있는 Sign-in method에 깃허브 주소를 추가했었는데... 여기를 다시 확인해 볼까?

승인된 도메인 목록

비밀키가 우리의 누이터에서만 동작하도록 설정하려면 승인된 도메인 목록에 있는 파이어베이스 주소와 깃허브 주소가 필요해. 화면에 표시한 주소들을 복사해 두자. 그런 다음에는 파이어베이스와 구글 클라우드 플랫폼 연결 갱신이라는 것을 해야 해. 파이어베이스 왼쪽 메뉴에서 맨 위에 프로젝트 개요 오른쪽에 보

프로젝트 설정 누르기

이는 톱니 바퀴를 누르면 추가 메뉴가 펼쳐질 거야. 거기에서 〈프로젝트 설정〉을 누르자. 그런 다음 서비스 계정 탭을 누르자. 그럼 다음과 같은 화면이 나타날 거야.

서비스 계정 화면

왼쪽 메뉴에서 서비스 계정 5개와 같이 표시되어 있는 것을 보자. 그 메뉴 오른쪽에 아주 작은 아이콘(박스에 화살표가 나가는 모양)이 있지? 이걸 눌러 봐. 그러면 구글 클라우드 플랫폼이라는 곳으로 이동하면서 동시에 우리의 누이터 서비스가 구글 클라우드 플랫폼에 등록될 거야.

구글 클라우드 플랫폼 화면(누이터 등록 완료)

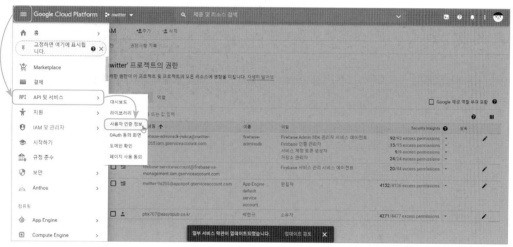

왼쪽 위의 햄버거 버튼을 누르면 나오는 메뉴

이어서 왼쪽 맨 위에 있는(구글 클라우드 플랫폼 로고 왼쪽에 있는) 햄버거 버튼을 누르고, API 및 서비스 항목에 마우스 오버를 시킨 다음, 사용자 인증 정보를 눌러 보자. 그러면 API 설정 화면으로 이동할 거야.

▶ API 설정 화면 주소: console.developers.google.com/apis/credentials

사용자 인증 정보 화면

그러면 API 키 항목에 눈에 띄는 경고 표시가 있을 거야. 'Browser key' 항목을 눌러 볼까? 그러면 API 키 제한 및 이름 변경 화면이 나올 거야.

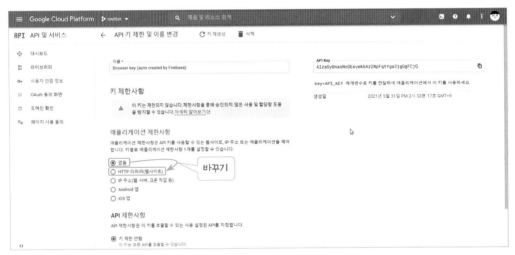

API 키 제한 및 이름 변경 화면

'애플리케이션 제한사항' 항목이 보이지? 이 값을 '없음'에서 'HTTP 리퍼러'로 바꿔서 우리가 지정한 도메인에서만 API 키를 사용하도록 만들어 보자. HTTP 리퍼러를 선택하면 웹사이트 제한사항이라는 항목이 새로 나올 텐데 여기에 파이어베이스 주소와 깃허브 주소, localhost를 추가하면 되는 거야.

▶ 파이어베이스 주소, 깃허브 주소는 Authentication의 Sign-in method 탭에서 확인했었습니다.

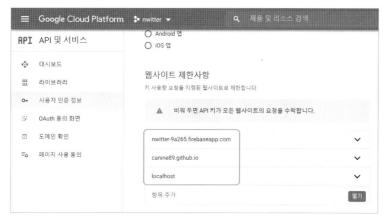

웹사이트 제한사항 추가 화면

설정을 마치고 다시 누이터에 접속해서 기능을 사용해 보자. 잘 동작하는지 확인은 언제나 필수야. 이제 보안 설정까지 끝! 정말 수고 많았어. 이제 즐겁게 누이터를 꾸며 보자.

깃허브 소셜 로그인에 실패했어요!

혹시 구글 소셜 로그인은 되는데, 깃허브 소셜 로그인이 되지 않는다면 콘솔에 'An account already exists with the same email...' 오류 메시지가 나타나는지 확인해 보세요. 이 오류 메시지는 깃허브에서 참조하는 메일 주소가 이미 누이터 회원 목록에 추가되어 있어서 나타난 것입니다. 이 오류 메시지를 해결하려면 파이어베이스 콘솔에서 Authentication의 Users 탭을 누른 다음, 회원 목록에서 깃허브에서 참조하는 이메일 주소를 가진 회원을 삭제하면 됩니다.

09

진짜 트위터처럼 스타일링하기

지금까지 기능 구현에 집중했어. 생각보다 어렵지 않았지? 지금까지 공부한 파이어베이스와 리액트를 사용하면 다른 애플리케이션도 충분히 만들 수 있을 거야. 약간 과장을 보태면... 하루 정도면 사이트 하나 정도는 뚝딱 만들 수 있을 거야. 음... 그런데 누이터의 기능에 비해서 외관이 너무 심심해 보이네. 이번에는 CSS를 사용해서 누이터를 꾸며 볼 거야. 이 책을 위해 누이터를 만들면서 기능을 완성하는 시간보다 꾸미는 시간이 더 많이 들었던 것 같아. 참고로 이 책의 주제는 CSS가 아니므로 SCSS나 스타일 컴포넌트^{Styled-Component}와 같은 기술은 사용하지 않을 거야. 그럼 시작해 보자.

니꼬샘
강의 보기

https://youtu.be/sZEaieL82xg

09-1 누이터 스타일링하기

이 책에서 주로 다루는 내용은 CSS가 아니야. 그래서 CSS로 작성한 코드 설명은 최소로 할 거야. 그 대신! CSS 코드를 리액트에 어떻게 적용해야 하는지는 자세히 알려 줄게. 그럼 실습을 시작해 보자. 완성된 화면은 다음과 같아. 기대되지?

▶ SCSS나 스타일 컴포넌트^{styled-component} 같은 기술을 사용해도 스타일 적용을 할 수 있지만, 여기서는 CSS만 다룹니다.

완성된 누이터 화면(로그인 화면)

완성된 누이터 화면(메인 화면)

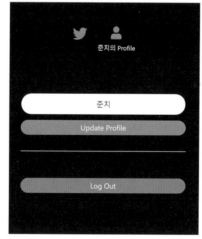

완성된 누이터 화면(프로필 화면)

액션 01 package.json 수정하기

스타일 적용을 위해 가장 먼저 해야 할 일은 스타일 관련 패키지를 설치하는 거야. 여러 아이콘을 사용할 건데 여기서는 폰트어썸^{fontawesome}의 아이콘을 사용할 거야. 폰트어썸은 웹에서 사용할 수 있는 아이콘을 무료 또는 유료로 제공하는 사이트야. 무료 아이콘도 충분히 훌륭해서 누이터 꾸미기에 적합해. 이때 폰트어썸의 아이콘을 리액트에서 사용하려면

package.json 파일을 수정하고 npm install 명령으로 패키지를 설치해야 해. 그 과정을 진행할 거야.

```
수정해 보자!  ./package.json

{
  "homepage": "https://canine89.github.io/nwitter",
  "name": "nwitter",
  "version": "0.1.0",
  "private": true,
  "dependencies": {                    fortawesome은 fontawesome의 무료 버전이야.
    "@fortawesome/fontawesome-free": "^5.14.0",
    "@fortawesome/fontawesome-svg-core": "^1.2.30",
    "@fortawesome/free-brands-svg-icons": "^5.14.0",
    "@fortawesome/free-regular-svg-icons": "^5.14.0",
    "@fortawesome/free-solid-svg-icons": "^5.14.0",
    "@fortawesome/react-fontawesome": "^0.1.11",
    "@testing-library/jest-dom": "^5.14.1",
    "@testing-library/react": "^11.2.7",
    "@testing-library/user-event": "^12.8.3",
(...생략...)
```

package.json 파일을 수정했으면 다음 명령으로 package.json 내에 입력한 폰트어썸 모듈 항목을 설치하자.

```
터미널                                                                      —  □  ×

> npm install
```

액션 02 깃허브 커밋 이력 참고하여 styles.css 파일 만들기

이제 src 폴더에 styles.css 파일을 새로 만들어서 깃허브 주소에 있는 내용을 모두 복사 붙여넣기 하면 돼. 이건 아까도 말했지만 별도로 설명하지 않을 거야. **우리가 집중할 내용은 이 CSS 파일을 어떻게 리액트에 적용해야 하는지 공부하는 거야.** 그런데 잠깐! styles.css 의 내용은 굉장히 많아. 그래서 이번만큼은 입력 방법을 다르게 소개할 게. 바로 깃허브의 커밋 내역을 보면서 입력하기야. 우선 다음 주소에 접속해 봐.

styles.css 커밋 주소   — □ ✕

https://vo.la/kBejt

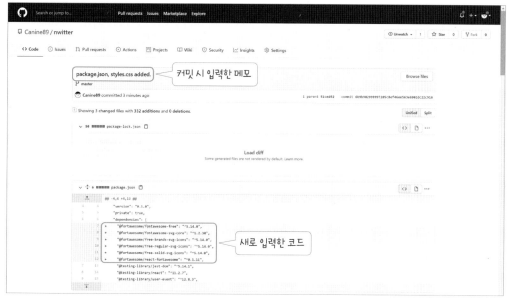

커밋 주소로 이동한 화면

```
∨  276 ■■■■■ src/styles.css
        @@ -0,0 +1,276 @@
   1    + @import "https://cdn.jsdelivr.net/npm/reset-css@5.0.1/reset.min.css";
   2    +
   3    + * {
   4    +   box-sizing: border-box;
   5    + }
   6    +
   7    + input {
   8    +   all: unset;
   9    +   box-sizing: border-box;
  10    +   appearance: none;
  11    + }
  12    +
  13    + body {
  14    +   background-color: black;
  15    +   font-family: -apple-system, BlinkMacSystemFont, "Segoe UI", Roboto, Oxygen,
  16    +     Ubuntu, Cantarell, "Open Sans", "Helvetica Neue", sans-serif;
  17    +   font-size: 14px;
  18    +   color: white;
  19    + }
  20    +
  21    + button {
  22    +   background-color: white;
  23    +   color: black;
  24    + }
  25    +
  26    + a {
  27    +   text-decoration: none;
  28    +   color: inherit;
  29    + }
  30    +
  31    + form {
  32    +   width: 100%;
  33    + }
```

styles.css 커밋 이력

이건 내가 깃허브에 커밋한 이력 중 하나야. 맨 위를 보면 'package.json, styles.css added.'
라고 입력되어 있지? 이건 내가 package.json, styles.css 파일을 모두 작성하고 난 다음 `git commit -m "package.json, stylescss added."` 명령을 통해 깃허브에 커밋했을 때 볼 수 있
는 메모야. 메모 아래에는 커밋 이력이 + 또는 −로 보일 거야. package.json의 경우 새로 입
력한 줄들이 있었지? 그 부분들이 +로 보이는 거야. styles.css의 경우는? 모든 내용을 새로
입력했으니 모든 내용이 +로 보일 거야.

액션 03 styles.css 임포트하기

src 폴더에 styles.css 파일을 만든 다음 앞에서 본 깃허브 수정 이력을 참고하여
styles.css 파일을 모두 채우고 index.js 파일에서 styles.css를 임포트하자.

수정해 보자! ./src/styles.css

```css
@import "https://cdn.jsdelivr.net/npm/reset-css@5.0.1/reset.min.css";

* {
  box-sizing: border-box;        ← 커밋 이력을 그대로 복사해!
}

input {
  all: unset;
  box-sizing: border-box;
  appearance: none;
}

(...생략...)
```

수정해 보자! ./src/index.js

```js
import React from "react";
import ReactDOM from "react-dom";
import App from "components/App";
import "./styles.css";

ReactDOM.render(
  <React.StrictMode>
    <App />
  </React.StrictMode>,
```

```
    document.getElementById("root")
);
```

이렇게 styles.css를 임포트하는 방법으로 컴포넌트에서 해당 파일의 CSS를 사용할 수 있게
돼. 이 상태에서 리액트 서버를 실행시켜 볼까? 화면이 변했을 거야.

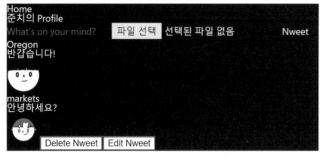

변경된 화면

액션 04 Auth, AuthForm 컴포넌트에 스타일 작업하기

이제 Auth, AuthForm 컴포넌트에 스타일을 적용할 차례야. 인증 화면이므로 로그아웃
해서 화면을 확인하도록 해. 먼저 AuthForm 컴포넌트에 스타일을 적용해 보자.

수정해 보자! ./src/components/AuthForm.js

```
(...생략...)
  return (
    <>
      <form onSubmit={onSubmit} className="container">
        <input
          name="email"
          type="text"
          placeholder="Email"
          required
          value={email}
          onChange={onChange}
          className="authInput"
        />
        <input
          name="password"
          type="password"
```

```
          placeholder="Password"
          required
          value={password}
          onChange={onChange}
          className="authInput"
        />
        <input
          type="submit"
          value={newAccount ? "Create Account" : "Log In"}
          className="authInput authSubmit"
        />
        {error && <span className="authError">{error}</span>}
      </form>
      <span onClick={toggleAccount} className="authSwitch">
        {newAccount ? "Sign In" : "Create Account"}
      </span>
    </>
  );
(...생략...)
```

HTML을 아는 사람이라면 className이라는 부분이 좀 어색할 거야. 그래. 리액트는 HTML과 클래스 사용 방법이 약간 달라. 하지만 사용 방법만 다르고 적용 원리는 같으니 별로 당황할 필요는 없어. 그냥 form, input, span 엘리먼트에 클래스를 부여하는 방법으로 styles.css에 정의한 스타일을 적용한 거라고 이해하면 돼. 또 에러 메시지를 출력할 수 있도록 span 엘리먼트를 추가했어. 결과는 다음과 같을 거야.

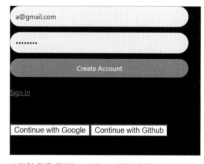

스타일 적용 결과(AuthForm 컴포넌트)

위 화면을 봤다면? 성공한 거야! 그런데 아직 덜 다듬어진 것 같네. 계속해서 코드를 수정하자. Auth 컴포넌트에 스타일을 적용해 보자.

수정해 보자! ./src/routes/Auth.js

```
import { FontAwesomeIcon } from "@fortawesome/react-fontawesome";
import {
  faTwitter,
  faGoogle,
```

```
    faGithub,
} from "@fortawesome/free-brands-svg-icons";
import { authService, firebaseInstance } from "fbase";
import AuthForm from "components/AuthForm";

const Auth = () => {
  const onSocialClick = async (event) => {
    (...생략...)
  };

  return (
    <div className="authContainer">
      <FontAwesomeIcon
        icon={faTwitter}
        color={"#04AAFF"}
        size="3x"
        style={{ marginBottom: 30 }}
      />
      <AuthForm />
      <div className="authBtns">
        <button onClick={onSocialClick} name="google" className="authBtn">
          Continue with Google <FontAwesomeIcon icon={faGoogle} />
        </button>
        <button onClick={onSocialClick} name="github" className="authBtn">
          Continue with Github <FontAwesomeIcon icon={faGithub} />
        </button>
      </div>
    </div>
  );
};


export default Auth;
```

화면이 아주 깔끔하게 바뀌었어! 가장 바깥쪽에 있는 div 엘리먼트에 authContainer라는 클래스를 추가하고, 버튼을 감싸는 부분과 각 버튼에 클래스 추가했어. 코드를 보면 <FontAwesomeIcon icon={faGoogle} /> 와 같은 부분이 보이지? 이게 바로 폰트어썸을 통해 추가한 아이콘이야. 컴포넌트를 사용하듯이 아이콘을 추가한 거지.

▶ 다른 아이콘을 추가하고 싶다면 fontawesome.com/v5.15/how-to-use/on-the-web/using-with/react를 읽어 보세요.

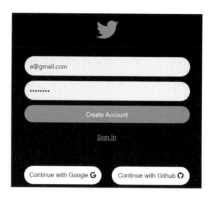

스타일 적용 결과(Auth 컴포넌트)

액션 05 Router 컴포넌트에 스타일 적용하기

이제 라우터에 스타일을 적용할 차례야. 로그인을 한 상태에서 라우터에 스타일을 적용해 보자.

수정해 보자! ./src/components/Router.js

```
import { HashRouter as Router, Route, Switch } from "react-router-dom";
import Auth from "routes/Auth";
import Home from "routes/Home";
import Profile from "routes/Profile";
import Navigation from "./Navigation";

const AppRouter = ({ isLoggedIn, userObj, refreshUser }) => {
  return (
    <Router>
      {isLoggedIn && <Navigation userObj={userObj} />}
      <Switch>
        {isLoggedIn ? (
          <div                여기를 div 엘리먼트로 바꾸면 돼.
            style={{
              maxWidth: 890,
              width: "100%",
              margin: "0 auto",
              marginTop: 80,
              display: "flex",
              justifyContent: "center",
            }}
```

```
        >
            <Route exact path="/">
                <Home userObj={userObj} />
            </Route>
            <Route exact path="/profile">
                <Profile refreshUser={refreshUser} userObj={userObj} />
            </Route>
        </div>
        </>  ──── 닫히는 부분 수정도 잊지마!
(...생략...)
```

<>...</>^Fragment의 경우 스타일을 적용할 수 없어서 div 엘리먼트로 변경했어. 여기에 적용한 스타일을 자세히 살펴보면 스타일을 style={{...}}과 같이 적용했지? 이건 인라인 방식 스타일이야. 인라인 방식으로 스타일을 적용하는 방법도 알아 두길 바라. 인라인 방식 스타일을 적용할 때는 중괄호를 2번 사용해야 하는 점과 숫자가 아닌 값은 모두 큰따옴표로 감싸는 규칙이 있으니 이점도 기억하고 넘어가자. 변경된 화면은 다음과 같을 거야.

변경된 화면(Router 컴포넌트)

액션 06 Home 컴포넌트에 스타일 적용하기

계속해서 Home 컴포넌트에 스타일을 적용하자.

수정해 보자! ./src/routes/Home.js

```
(...생략...)


return (
    <>
    <div className="container">
```

```
        <NweetFactory userObj={userObj} />
        <div style={{ marginTop: 30 }}>
          {nweets.map((nweet) => (
            <Nweet
              key={nweet.id}
              nweetObj={nweet}
              isOwner={nweet.creatorId === userObj.uid}
            />
          ))}
        </div>
      </div>
    </>
  );
};


export default Home;
```

여기서도 Fragment를 div 엘리먼트로 변경해 줬어. 트윗을 감싸는 div 엘리먼트 위쪽에는
margin을 30정도 줬어. 이렇게 하면 폼과 트윗 사이에 공간이 생기겠지? 코드를 변경하면 트
윗들의 위치가 아래쪽으로 이동할 거야.

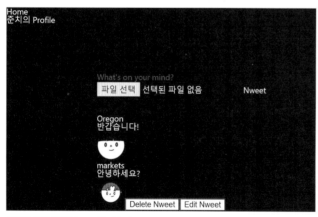

스타일 적용 결과(Home 컴포넌트)

 Navigation 컴포넌트에 스타일 적용하기
위쪽의 내비게이션이 신경쓰이지? 여기도 수정해 보자.

```
import { Link } from "react-router-dom";
import { FontAwesomeIcon } from "@fortawesome/react-fontawesome";
import { faTwitter } from "@fortawesome/free-brands-svg-icons";
import { faUser } from "@fortawesome/free-solid-svg-icons";

const Navigation = ({ userObj }) => {
  console.log(userObj);        ◁ 혹시 console.log가 남아 있다면 지우자.
  return (
    <nav>
      <ul style={{ display: "flex", justifyContent: "center", marginTop: 50 }}>
        <li>
          <Link to="/" style={{ marginRight: 10 }}>
            Home
            <FontAwesomeIcon icon={faTwitter} color={"#04AAFF"} size="2x" />
          </Link>
        </li>
        <li>
          <Link
            to="/profile"
            style={{
              marginLeft: 10,
              display: "flex",
              flexDirection: "column",
              alignItems: "center",
              fontSize: 12,
            }}
          >
            {userObj.displayName}의 Profile
            <FontAwesomeIcon icon={faUser} color={"#04AAFF"} size="2x" />
            <span style={{ marginTop: 10 }}>
              {userObj.displayName
                ? `${userObj.displayName}의 Profile`
                : "Profile"}
            </span>
          </Link>
        </li>
      </ul>
```

```
        </nav>
    );
};


export default Navigation;
```

폰트어썸 아이콘을 추가하고, 스타일을 적용했어. `ul` 엘리먼트를 `flex`로 중앙 정렬하고 `margin`을 줘서 위치를 잡았어. Home은 트위터 아이콘으로 바꾸고, 프로필은 이름이 있는 경우에는 이름을, 아닌 경우는 Profile만 출력하도록 만들었어!

스타일 적용 결과(Navigation 컴포넌트)

액션 08 Nweet, NweetFactory 컴포넌트에 스타일 적용하기

스타일을 적용하기 위해 폼을 담당하는 **NweetFactory**를 먼저 수정하자. 그런데 잠깐! 이번에는 간단한 버그를 하나 수정할 거야. 지금은 아무 글자를 입력하지 않고 트윗을 할 수 있도록 되어 있는데 이걸 막는 코드를 추가할 거야. `import` 문을 추가한 다음 버그를 막기 위한 `if` 문을 추가하자.

수정해 보자! **./src/components/NweetFactory.js**

```
import { useState } from "react";
import { dbService, storageService } from "fbase";
import { v4 as uuidv4 } from "uuid";
import { FontAwesomeIcon } from "@fortawesome/react-fontawesome";
import { faPlus, faTimes } from "@fortawesome/free-solid-svg-icons";

const NweetFactory = ({ userObj }) => {
  const [nweet, setNweet] = useState("");
  const [attachment, setAttachment] = useState("");
```

```
    const onSubmit = async (event) => {
      event.preventDefault();
      if (nweet === "") {
        return;
      }
    }
(...생략...)
```

input 엘리먼트에 입력한 값이 비어 있으면 동작하지 않도록 막은 코드야. 휴! 이제 스타일을 적용하자. 코드 수정이 많으니 정신 똑바로 차리고 수정하도록 해! form 엘리먼트에 클래스를 추가하고 그 사이에 있는 코드를 모두 수정하면 되는 거야.

수정해 보자! ./src/components/NweetFactory.js

```
(...생략...)
  return (
    <form onSubmit={onSubmit} className="factoryForm">
      <div className="factoryInput__container">
        <input
          className="factoryInput__input"
          value={nweet}
          onChange={onChange}
          type="text"
          placeholder="What's on your mind?"
          maxLength={120}
        />
        <input type="submit" value="&rarr;" className="factoryInput__arrow" />
      </div>
      <label htmlFor="attach-file" className="factoryInput__label">
        <span>Add photos</span>
        <FontAwesomeIcon icon={faPlus} />
      </label>
      <input
        id="attach-file"
        type="file"
        accept="image/*"
        onChange={onFileChange}
        style={{
          opacity: 0,
        }}
```

09 • 진짜 트위터처럼 스타일링하기   **241**

```
        />
        {attachment && (
          <div className="factoryForm__attachment">
            <img
              src={attachment}
              style={{
                backgroundImage: attachment,
              }}
            />
            <div className="factoryForm__clear" onClick={onClearAttachment}>
              <span>Remove</span>
              <FontAwesomeIcon icon={faTimes} />
            </div>
          </div>
        )}
      </form>
    );
  };


  export default NweetFactory;
```

트윗 폼을 예쁘게 만들기 위해 코드를 많이 변경했어. 조금 설명해 줄게. 일단 form 엘리먼트에 클래스를 하나 추가했어. 그리고 원래는 input 엘리먼트를 단순히 3개 사용했는데 파일 첨부 부분과 트윗 폼 사이에 간격을 주기 위해서 div 엘리먼트로 트윗 폼을 감싸 클래스를 추가했어. 파일 첨부 버튼은 label 엘리먼트를 사용했고, 파일 첨부를 위한 input 엘리먼트는 opacity를 0으로(투명하게) 설정했어. 파일 첨부 시 파일을 확인 부분과 〈제거〉 버튼에도 스타일을 추가했어.

스타일 적용 화면(NweetFactory 컴포넌트, 사진 첨부 전)

스타일 적용 화면(NweetFactory 컴포넌트, 사진 첨부 후)

다음으로 Nweet 컴포넌트를 수정하자.

./src/components/Nweet.js

```jsx
(...생략...)

import { dbService, storageService } from "fbase";
import { useState } from "react";
import { FontAwesomeIcon } from "@fortawesome/react-fontawesome";
import { faTrash, faPencilAlt } from "@fortawesome/free-solid-svg-icons";

(...생략...)

  return (
    <div className="nweet">
      {editing ? (
        <>
          <form onSubmit={onSubmit} className="container nweetEdit">
            <input
              onChange={onChange}
              value={newNweet}
              required
              placeholder="Edit your nweet"
              autoFocus
              className="formInput"
            />
            <input type="submit" value="Update Nweet" className="formBtn" />
          </form>
          <button onClick={toggleEditing} className="formBtn cancelBtn">
            Cancel
          </button>
        </>
      ) : (
        <>
          <h4>{nweetObj.text}</h4>
          {nweetObj.attachmentUrl && (
            <img src={nweetObj.attachmentUrl} width="50px" height="50px" />
          )}
          {isOwner && (
            <div className="nweet__actions">
```

```
                    <span onClick={onDeleteClick}>
                      <FontAwesomeIcon icon={faTrash} />
                    </span>
                    <span onClick={toggleEditing}>
                      <FontAwesomeIcon icon={faPencilAlt} />
                    </span>
                  </div>
                  <>
                    <button onClick={onDeleteClick}>Delete Nweet</button>
                    <button onClick={toggleEditing}>Edit Nweet</button>
                  </>
              )}
            </>
          )}
        </div>
      );
    };

    export default Nweet;
```

트윗에도 스타일을 적용했어. 가장 바깥쪽에 있는 div 엘리먼트에 클래스를 적용하고, 수정
상태일 때의 폼에 placeholder와 autofocus를 추가했어. 수정 상태가 아닌 경우 보이는 〈수
정〉, 〈삭제〉 버튼도 아이콘으로 변경했어.

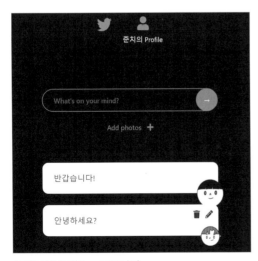

스타일 적용 화면(Nweet 컴포넌트)

〈수정〉 버튼을 누른 경우

액션 09 **Profile 컴포넌트에 스타일 적용하기**

이제 마지막이야! 프로필 화면에 스타일을 적용해 보자.

수정해 보자! ./src/routes/Profile.js

```
(...생략...)

  return (
    <div className="container">
      <form onSubmit={onSubmit} className="profileForm">
        <input
          onChange={onChange}
          type="text"
          placeholder="Display name"
          value={newDisplayName}
          autoFocus
          className="formInput"
        />
        <input
          type="submit"
          value="Update Profile"
          className="formBtn"
          style={{
            marginTop: 10,
          }}
        />
      </form>
      <span className="formBtn cancelBtn logOut" onClick={onLogOutClick}>
        Log Out
      </span>
    </div>
  );
};


export default Profile;
```

여기까지 코드를 수정하면 프로필까지 완벽하게 스타일이 적용된 누이터를 볼 수 있을 거야.

스타일 적용 화면(Profile 컴포넌트)

액션 10 **브라우저 이름 바꾸기**
아마 완벽한 앱을 만들고 싶었던 친구들이라면 브라우저 탭 이름이 늘 React App인
것이 신경 쓰였을 수 있어. 다음과 같이 수정해서 브라우저 탭 이름도 바꿔 보자.

```
수정해 보자!  ./public/index.html

(...생략...)
    <title>Nwitter!</title>
    <title>React App</title>
  </head>
  <body>
(...생략...)
```

브라우저 이름 수정 화면

이제 스타일 적용은 끝이야! 마무리로 누이터의 버그를 수정하고 이 강의를 마무리할 게. 정
말 수고했어.

09-2 버그 수정하기

긴 작업에는 항상 버그가 따라 다녀. 이런 버그들은 주의 깊게 살펴봐야 고칠 수 있어. 마지막으로 깔끔한 누이터를 만들기 위해서 어떤 버그가 남아 있었고, 어떻게 버그를 고쳐야 하는지 알아 보자.

액션 01 트윗 순서가 엉키는 버그 수정하기

아마 트윗을 여러 번 해 본 사람이라면 이미 알고 있을 버그야. 트윗 순서가 엉키는 버그지... 아마 트윗을 화면에 출력하는 Home 컴포넌트에 문제가 있을 거야. 이 컴포넌트를 살펴보면 파이어스토어에서 트윗 데이터를 가져온 다음 화면에 렌더링할 때 트윗 데이터를 가져오기만 할 뿐 정렬하지는 않았어. 정렬 방법은 공부했었지? orderBy 함수를 추가하면 돼.

수정해 보자! ./src/routes/Home.js

```
(...생략...)
  useEffect(() => {
    dbService
      .collection("nweets")
      .orderBy("createdAt", "desc")
      .onSnapshot((snapshot) => {
        const newArray = snapshot.docs.map((document) => ({
          id: document.id,
          ...document.data(),
        }));
        setNweets(newArray);
      });
  }, []);
(...생략...)
```

트윗 데이터가 생성된 시간^{createdAt}의 내림차순으로 정렬하도록 코드를 수정했어. 이렇게 하면 최신 트윗이 상단에 노출되겠지? 테스트해서 결과도 확인해 봐.

액션 02 사진 선택 취소 버그 수정하기

이 버그는 찾기 어려워서 몰랐을 수도 있어. 실제로 발견하기 어려운 버그야. 만약 이 버그를 찾았다면 대단한 눈썰미를 가지고 있는 사람일 거야. 사진 첨부를 할 때 사진이 마음에 안 들면 다시 사진을 첨부할 수 있도록 사진 첨부 기능을 만들었었지? **한 번 사진을 등록하고, 다시 사진 등록을 눌러서 사진 등록 취소를 해봐.** 그러면 이런 에러가 발생해.

파일 첨부 에러 발생

이 에러는 파일 첨부가 안 됐을 때 파일을 읽도록 코드가 작성되어 있어서 발생한 거야! NweetFactory 컴포넌트를 수정하자.

수정해 보자! ./src/components/NweetFactory.js

```
(...생략...)

  const onFileChange = (event) => {
    const {
      target: { files },
    } = event;
    const theFile = files[0];
    const reader = new FileReader();
    reader.onloadend = (finishedEvent) => {
      const {
        currentTarget: { result },
      } = finishedEvent;
      setAttachment(result);
    };
    reader.readAsDataURL(theFile);
    if (Boolean(theFile)) {
      reader.readAsDataURL(theFile);
```

```
      }
   };
   (...생략...)
```

이 코드는 파일이 있을 때만 파일을 읽도록 if 문을 추가한 거야.

 버그를 수정한 누이터 배포하기

자 이제 진짜 진짜 마지막 과정이야! 고생해서 만든 누이터를 배포해서 친구에게 자랑해 보자. 정말 수고 많았어.

```
터미널                                                        —  □  ✕

> npm run deploy
```

> **소스 확인** 9장을 완료한 상태의 전체 소스를 보려면 vo.la/dazBu에 접속해서 '9장 완료 커밋' 링크를 눌러 변경된 내용을 확인해 보세요.

한글

ㄱ~ㄹ

ㅂ~ㅅ

ㅇ~ㅎ

영문

a~c

d~f

g~n

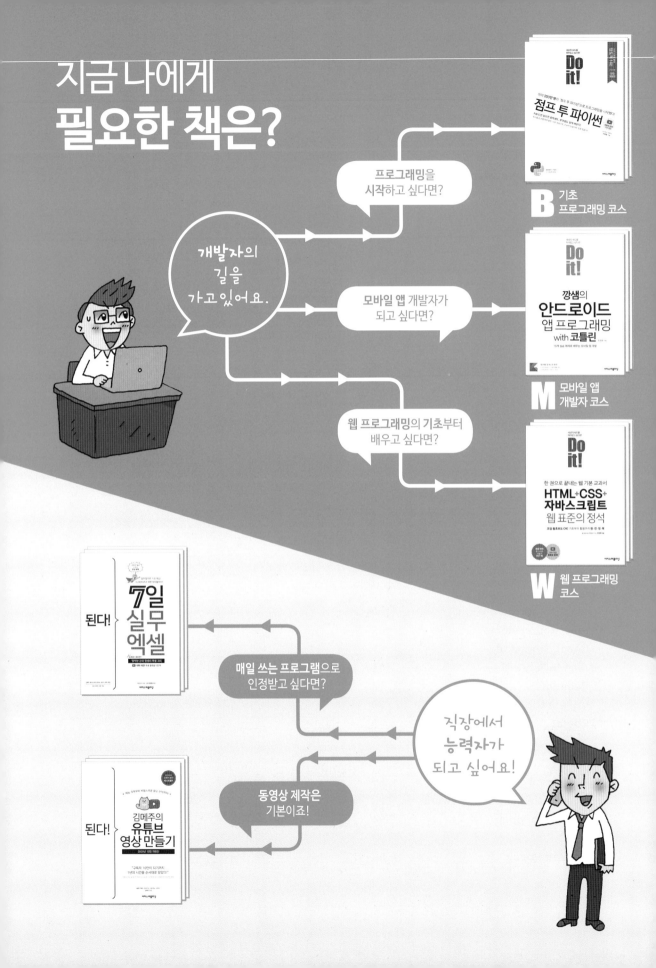

Basic Programming Course

B 기초
프로그래밍 코스

Do it!
점프 투 파이썬 — 전면 개정판

하루 한 시간이면 당신도 프로그램을 만들 수 있다!
초보자의 마음을 가장 잘 이해하고, 프로그래밍의 재미를 알려주는 책

난이도 ● 박응용 지음 | 18,800원

Do it!
C 언어 입문

실무 20년, 현업 프로그래머가
초보자를 위해 엮었다!

난이도 ●● 김성엽 지음 | 25,000원

Do it!
자바 프로그래밍 입문

개발 10년, 강의 10년! 명강사의
기초 튼튼 코딩 밥상!

난이도 ●● 박은종 지음 | 25,000원

Do it!
자료구조와 함께 배우는
알고리즘 입문 — C 언어 편

263개의 도해와 114개의 예제로
자료구조와 알고리즘을 쉽게 배운다!

난이도 ●● 시바타 보요 지음 | 22,000원

Do it!
자료구조와 함께 배우는
알고리즘 입문 — JAVA 편

220개의 도해와 88개의 예제로
꼼꼼한 코드 설명과 그림으로 이해하기 쉽다!

난이도 ●● 시바타 보요 지음 | 22,000원

Do it!
자료구조와 함께 배우는
알고리즘 입문 — 파이썬 편

213개의 그림과 136개의 실전 예제로
빠르고 쉽게 배운다!

난이도 ●● 시바타 보요 지음 | 22,000원

Do it!
파이썬 생활 프로그래밍

뼛속까지 문과생인 지리학 박사가 집필한
파이썬 생활 프로그래밍 책!

난이도 ●● 김창현 지음 | 20,000원

● 문과생과 비전문가도 보는 책　　● ● ● / ● ● ● 해당 분야의 이해가 조금 필요한 책

Mobile App Programming Course

M 모바일 앱 개발자 코스

Do it!
안드로이드 앱 프로그래밍 — 전면 개정 8판

안드로이드 분야 1위 도서! 안드로이드 11 버전 반영!
초보자도 한 달만 '빡세게' 해라. 앱을 만들게 된다!

난이도 ●●● 정재곤 지음 | 40,000원

Do it!
스위프트로 아이폰 앱 만들기
입문 — 개정 5판

코딩 몰라도 OK!
손가락으로 하나하나
친절하게 짚어 준다!

난이도 ●● 송호정, 이범근 지음 | 30,000원

Do it!
플러터 앱 프로그래밍

오픈 API 활용 + 파이어베이스 +
구글 맵 + 광고 수익까지
크로스 플랫폼 모바일 앱 개발 입문하기

난이도 ●●● 조준수 지음 | 30,000원

Do it!
리액트 네이티브 앱 프로그래밍

타입스크립트와 훅으로
나만의 인스타그램 앱 만들기!
안드로이드와 iOS 모바일 앱을 한 번에!

난이도 ●● 전예홍 지음 | 42,000원

인공지능 / 데이터 분석 / 미래 기술 코스

Do it! 정직하게 코딩하며
배우는 딥러닝 입문

어차피 어려운 딥러닝! 개념, 수식,
코딩 순서대로 정면 돌파!

박해선 지음 | 19,800원

Do it! 강화 학습 입문

게임 봇부터 자동 신경망 구성까지!
직접 만들며 익히는 강화 학습 입문서

조규남, 맹윤호 임지순 저 | 22,000원

Do it! 쉽게 배우는 R 데이터 분석

데이터 분석 프로젝트 전 과정 수록!
가장 인기 있는 최신 R 패키지로 실습
하며 빠르게 배운다!!

김영우 지음 | 20,000원

Do it! 쉽게 배우는 R 텍스트 마이닝

형태소 분석, 긍정·부정 분위기 분석,
연관 단어 분석, 시각화까지
모두 내 손으로!

김영우 지음 | 20,000원

Web Programming & Web Design Course

W 웹 프로그래밍 & 디자인 코스

Do it!
HTML+CSS+자바스크립트 웹 표준의 정석

웹 분야 1위! 그만한 이유가 있다!
키보드를 잡고 실습하다 보면 웹 개발의 3대 기술이 끝난다!

난이도 ●●○ 고경희 지음 | 30,000원

세상의 속도를 따라잡고 싶다면
Do it!
한 권으로 끝내는 웹 기본 교과서
HTML+CSS+ 자바스크립트
웹 표준의 정석
코딩 왕초보도 OK! 기초부터 활용까지 완·전·정·복
웹 분야 베스트셀러 저자 고경희 지음

특별 부록!
웹 사이트
만들기
PDF 팩

저자 직접
동영상 강의!

웹 분야 1위 저자

Do it!
리액트 프로그래밍 정석

리액트 기초부터 가상 코딩 거래소 만들기,
파이어베이스 서비스 배포까지!

난이도 ●●● 박호준 지음 | 36,000원

Do it!
타입스크립트 프로그래밍

10만 건의 빅데이터 처리와
API 서버 & 리액트 웹 개발까지!

난이도 ●●○ 전예홍 지음 | 25,000원

Do it!
웹 프로그래밍을 위한 자바스크립트 기본 편

풀스택 개발자가 되기 위한 첫걸음!
실습으로 재미있게 끝낸다!

난이도 ●●○ 고경희 지음 | 18,800원

Do it!
자바스크립트 + 제이쿼리 입문 — 전면 개정판

4년 연속 베스트셀러! 자바스크립트, 제이쿼리의
기본과 실전에 필요한 핵심을 모두 담았다!

난이도 ●●○ 정인용 지음 | 20,000원

Do it!
점프 투 플라스크

Do it! 점프 투 파이썬 후속작!
파이썬 웹 개발부터 배포까지
한 번에 끝내자!

난이도 ●●● 박응용 지음 | 19,800원

Do it!
장고 + 부트스트랩 파이썬 웹 개발의 정석

나만의 블로그를 직접 만들며 배우는
파이썬 웹 개발 A to Z!

난이도 ●●○ 이성용 지음 | 32,000원